U0575292

屠呦呦

理想治愈世界

王路 / 著

红旗出版社

屠呦呦

中国首位
获得诺贝尔奖的科学家

诺贝尔奖评审委员会
给屠呦呦的颁奖词

　　治疗疟疾的传统药物是氯喹或奎宁，但其疗效正在下降。20世纪60年代，根除疟疾的努力遭遇挫折，这种疾病的发病率再次升高。中国科学家屠呦呦从传统中草药里找到了战胜疟疾的新疗法。她通过大量实验锁定了青蒿这种植物，但效果并不理想。屠呦呦因此再次翻阅大量古医书，最终成功提取出了青蒿中的有效物质，之后命名为青蒿素。屠呦呦是第一个发现青蒿素对疟疾有出色疗效的科学家。青蒿素能在疟原虫生长初期迅速将其杀死，在未来的疟疾防治领域，它的作用不可限量。

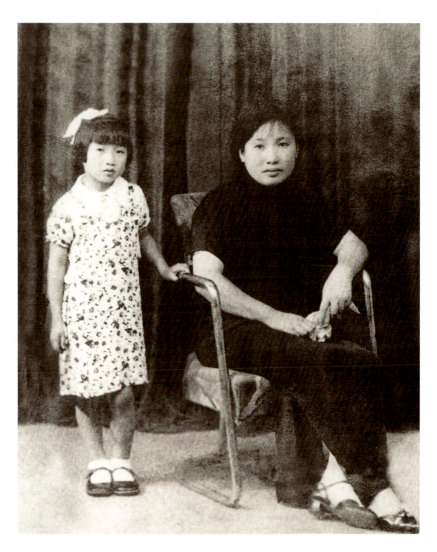

屠呦呦 11 岁时与妈妈的合影

屠呦呦：宁波小娘，豆蔻年华

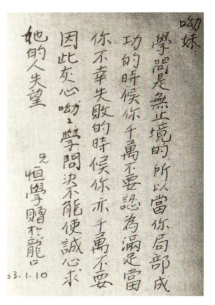

呦妹：

学问是无止境的，所以当你局部成功的时候你千万不要认为满足当你不幸失败的时候你亦千万不要因此灰心呦，学问决不能便诚心求她的人失望

兄 恒学赠栈 龙口

'53.1.10

14 岁时，屠呦呦哥哥送给妹妹的照片以及他写的亲笔信

鄞縣私立效實中學學生學籍冊　高中　春　始　氏

| 性別 **女** | 籍貫 | **浙江**省 **鄞**縣 | 年齡 **17**歲 | 出生年月 **21**年 入學年月 **37**年 |

學前經歷 **同等學力**			入學後 **36**年度第 **2**學期 高中春始一年級第一學期	年度第 中 始 年級第
棄年月　年　月	通訊處	在學時 離校後 開明街508号		年　月　事由
35年 月 事由	休　學　年　月 事由		年　月　復入　中 始年級	年　月復入　中
年　月由	復　學　年　月復入　中 始年級		年度第 五 學期	年度第 六

度及學期	36年度第2學期 一			37年度第1學期 二			37年度第2學期 三			1年度第 四				每時週數	分數 總積	每時週數	分數
科 目	每時週數	分數	總積	每時週數	分數	總積	每時週數	分數	總積	每時週數	分數	總積					
民 調	1	80	80	1	79	79	1	改冪 98	296	3	70	210					
調 護	3	92	276	3	96	288	3										

屠呦呦在效实中学时的学籍册

宁波开明街 28 号，是屠呦呦的外婆家。日军烧毁了屠家的房子，屠家搬到了屠呦呦的外婆家

理想汇聚世界

1951年，屠呦呦（第一排左二）从浙江宁波中学毕业

1962 年参加"中医研究院西医离职学习中医班"时的屠呦呦

1965 年夏，屠呦呦初为人母，抱着大女儿李敏

1996 年时的全家福（从左至右为小女儿李军、屠呦呦、李廷钊、大女儿李敏）

1979 年，青蒿素研究成果获国家科委授予的国家发明奖

20 世纪 50 年代，在中医研究院中药研究所任研究实习员的屠呦呦（前右）与老师楼之岑副教授一起研究中药

2011 年 9 月 23 日，屠呦呦在美国纽约举行的拉斯克奖颁奖仪式上领奖。这是中国科学家首次获得拉斯克奖

2011 年 9 月 23 日，在美国纽约，屠呦呦（前排中）与 2011 年拉斯克奖评委和获奖人员合影

屠呦呦在诺贝尔博物馆
咖啡馆的椅子上签名

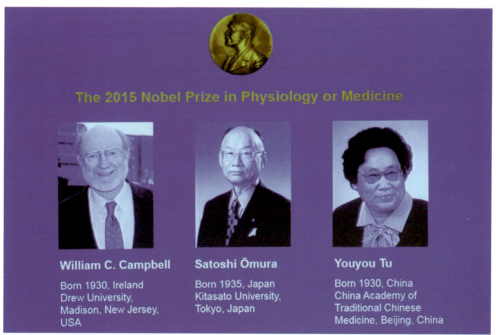

2015 年 10 月 5 日，在瑞典首都斯德哥尔摩，诺贝尔评审委员会在新闻发布会上展示中国科学家屠呦呦（右）、日本科学家大村智（中）和爱尔兰科学家威廉·坎贝尔的肖像照

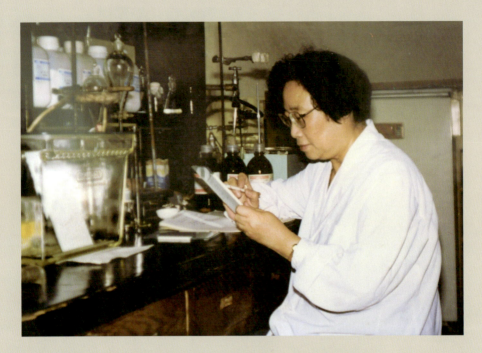

工作中的屠呦呦

1996 年，屠呦呦在指导助手杨岚做实验

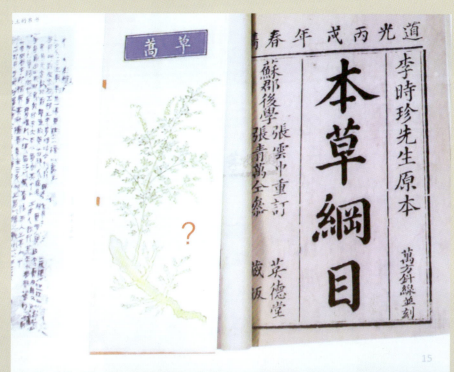

去瑞典领奖期间，屠呦呦在卡罗林斯卡医学院发表演讲，主持人、卡罗林斯卡医学院传染病学教授 Jan Andersson 先生一直跪在地上帮屠呦呦扶着话筒

2015 年 12 月 10 日，在瑞典首都斯德哥尔摩音乐厅举行的 2015 年诺贝尔奖颁奖仪式上，屠呦呦（左）从瑞典国王卡尔十六世·古斯塔夫手中领取诺贝尔生理学或医学奖

WILLIAM C. CAMPBELL   SATOSHI ŌMURA   YOUYOU TU

MEDICIN/MEDICINE 2015

Nobelförsamlingen vid Karolinska Institutet har

瑞典斯德哥尔摩诺贝尔博物馆挂着屠呦呦及其他 2015 年诺贝尔生理学或医学奖得主的画像

2015 年诺贝尔奖颁奖仪式结束后，屠呦呦展示获得的奖章

目录

荣耀来自不灭的勇气

饶 毅

　　《屠呦呦：理想治愈世界》是一部记录屠呦呦先生科研生涯的传记，作者以生动活泼的笔调将屠呦呦先生的出生、成长、学习和科研工作通过一个个颇有趣味的小故事勾勒出来，生动形象地还原了这位杰出女科学家不平凡的人生经历，相信读者特别是青少年读者能从中受到鼓舞启发。

　　"常思奋不顾身，而殉国家之急。"回顾这位 86 岁老人在其科学生涯中做出的诸多选择与牺牲，用这句话来形容她可谓再合适不过了。为了承担抗疟药研究的重任，她不得不承受与两个女儿骨肉分离之痛；为清楚地了解青蒿素的毒副作用，她冒着生命危险主动以身试药，更不用说那些在实验室里度过的通宵达旦的时光。

屠呦呦先生工作认真、扎实、努力，是老一代科学家的典型代表。她是在 20 世纪六七十年代完成抗疟新药青蒿素的突破性发现的，当时的科研条件当然与今天不可同日而语。并且，在她发现了青蒿素以后，其事业和人生经历也并非一帆风顺。

屠呦呦先生取得了重要的科学成就，说明在比较艰苦的条件下，大家如果很努力、很认真、很扎实地工作，也可以做出非常了不起的贡献，也能造福人类。

如今，耄耋之年的屠呦呦先生依然执着于中医药研究事业，即便备受病痛困扰，依然心怀济世之志。她要将自己的有生之年，全部用于青蒿素的深度研究工作，为世人再谋福祉。令人欣喜的是，她的努力在不断得到回报，青蒿素在治疗红斑狼疮和提高人体免疫力等方面，已经有了突破性的进展。

屠呦呦先生已经将她获得的大部分诺贝尔奖奖金捐献出来，其中 100 万元捐给了母校北大，100 万元捐给中国中医科学院，余下的近 100 万元则计划全部用于中医药的科研和学术活动。

这是一部励志的科普传记，从中可以看到一位女科学家不平凡的成长道路；看到一位从事基础研究的科学家如何孜孜以求、不懈努力，一步步实现其消除人类病苦的梦想；看到一位终身追求真理的科学家所怀的人间大爱……

屠呦呦先生今日所获得的成功，来源于她超越小我的思想，来源于她面对失败时的自我激励，来源于她在理想照耀下不灭的勇气。

　　愿我中华儿女，高擎理想之旗，更多人能呦呦鹿鸣于世界科研与学术之林。

（作者为北京大学讲席教授、生物学家）

屠呦呦：理想治愈世界

▌引子▌

疟——死神最锋利的镰刀

世界的东方，屹立着文明古国——中国。

3000 多年前，商朝，中国第一个有明确文字记载的朝代。

国都，殷。

一排排病人被抬到了商王金碧辉煌的大殿上。

商王用惊惧的目光查看着这些病人，只见他们忽而发热，忽而发冷，时而颤抖不止，时而呕吐不停，甚至有些病人因为头痛欲裂，将脑袋往大殿的柱子上撞。

拥有万乘之国、征服了无数蛮人部落的商王，脸色变得煞白，失去了身为王的威严——因为这场古怪的疾病已经席卷了整个王朝！

从勤劳的奴隶到强壮的战士，从住在破草屋里的寻常百姓到华丽宫殿里的宫娥，不分高低贵贱，无以计数的人得了这种病。

商王下令杀死了成千上万个奴隶，作为活的祭品，向上天祈祷，乞求天帝消灭这古怪的疾病。但疾病依旧肆虐，死的人越来越多，连大臣和商王最心爱的妃子都逃脱不了病魔的魔爪。

商王一迭声请来了大巫，大巫被视为能与天帝沟通的先知，只有他才知道如何治疗这种疾病。

大巫带来了很多乌龟背甲和牛大腿骨，他在大殿上点起火，一边在嘴里念着商王听不懂的咒语，一边将龟甲和牛骨放到火苗上小心翼翼地炙烤。

终于，在"噼啪"清脆的甲骨开裂声中，大巫似乎得到了来自上天的启示，他指着甲壳上扭曲繁杂的裂纹，告诉商王，正在祸害国民的疾病，叫"疟"。这种病是上天降下的灾难，通过瘴气感染人，除了上天收回疾病，凡间没人能治好"疟"。

这场席卷整个商王朝的"疟"，最后几乎感染了王朝近半的人口，杀死了无以计数的国民。为了哀悼这场大灾的死难者，商王下令铸造了一个巨大的青铜鼎，鼎上刻下了魔鬼的名字——疟。

这是世界上最早的有关疟疾的文字记载，从此，疟疾死亡的阴影，在古今中外的史书中随处可见。

古时的人们对这种传染疾病束手无策，认为是神降于人类的灾难。

　　苏美尔人认为疟疾是由瘟疫之神涅伽尔散布到人间的，古印度人则将这种传染性和致死率极高的病称作"疾病之王"。但丁在《神曲·地狱篇》中这样描述疟疾：犹如患三日疟的人临近寒战发作时／指甲已经发白／只要一看阴凉儿就浑身打战。

　　疟疾，成了死神收割全世界无辜人民生命的最锋利的一把镰刀！

　　谁，能征服疟疾？！

　　谁，能拯救亿万生灵？！

　　数千年来，全世界都在期盼，都在等待——等待征服疟疾的勇者！

▍第一章▍

从《诗经》里"蹦"出来的"呦呦小鹿"

　　宁波，东海之滨一座人杰地灵的城市。

　　这里有 7000 年灿烂的河姆渡文化，这里是海上丝绸之路的起点。范钦在三江畔建起了人类历史上现存的最古老的家族图书馆——天一阁；王阳明在会稽山（当时属于宁波）开创了"知行合一"的哲学思想；黄宗羲在白云庄宣讲民权民本论，提出"天下为主，君为客"的民主思想；更有无数宁波帮商人，讲诚信肯务实，将生意做到了全世界……在这片古老的土地上，英杰辈出，堪称钟灵毓秀的江南圣地。

　　1930 年 12 月 30 日。

　　宁波。

开明街 508 号。

一对中年夫妻正满脸宠爱地看着刚刚出生不久的女婴。

躺在褓裸之中的女婴，是屠姓夫妻的第四个孩子，前三个全是"光榔头"——男孩子，所以这个小女儿特别受中年得女的夫妻两人的宠爱，真正是当"心肝宝贝"一样。

屠父全名屠濂规，是一位银行职员。他眼界开阔，思想开明，受过良好的教育，一生爱好国学，在清末民初称得上"学贯中西"的高级知识分子。他的妻子姚仲千也是位知书达理的女性，对子女亲切温和。

屠父小心翼翼地抱着比热水瓶还小、比新摘下的棉花还柔弱的孩子，正在苦思孩子的名字。他的视线不经意间掠过书桌上的一本《诗经》，突然眼睛一亮，决定从先人留下的灿烂文化结晶中寻找灵感，给心爱的小女儿取个名字。

小女儿性格文静，很少啼哭，即使啼哭起来，声音也是轻轻的、柔柔的，好似小鹿鸣叫。屠濂规脱口而出："呦呦鹿鸣，食野之蒿。"这句诗来自《诗经·小雅·鹿鸣》，是一首表现古人欢迎远道而来的嘉宾，载歌载舞，献上美好祝愿的诗歌，不仅读起来朗朗上口，更能从字里行间看到诗人充满了发自内心的欢快之意，尽显古时人民质朴纯真而又美好善良的生活。

屠濂规心头一亮，对，就叫呦呦吧！希望她能像《诗经》中的小鹿那样，自由自在地在广阔的原野上吃草，发出呦呦的叫声，过着无忧无虑的生活。意犹未尽，他又对仗了下一句："蒿草青青，报之春晖。"

这位父亲绝对没有想到，"呦呦"这个名字，似乎是上苍的暗示，从此，这个无忧无虑的小生命将与"蒿"结伴终身。

⏱ 时光思语

呦呦鹿鸣，食野之蒿。蒿草青青，报之春晖。当人或者事物被命名时，就与名字产生了千丝万缕的美妙关系。

▌第二章▐

我要做个不缠足的女学生

屠呦呦在父母的宠爱下、哥哥们的呵护下，快乐地成长着，开明街的家中时时充满了欢声笑语。

虽然当时战火纷飞，但地处东海之滨的宁波却相对太平，家底殷实的屠家也给了屠呦呦一个衣食无忧的生活环境。作为宁波屠家第 20 世的屠濂规，先后入鄞县第一高等小学和效实中学读书，对于子女教育也很重视。5 岁时屠呦呦就被父亲送入了幼儿园就读，这在满是男尊女卑、女孩子不能抛头露脸等封建落后思想的邻居们看来，实在是惊人之举。

这一天，6 岁的小屠呦呦正靠在爸爸怀里背古文。别看她年纪小，却很聪明，三四岁起就常常缠着做生意回家的爸爸教她识字，从家里的书架上拖下一本本厚厚的古书乱翻——其中不少古书是屠呦呦身为中医的爷爷留下的。而屠濂规将教小女儿咿咿呀呀读书认字视为自己最大的快乐。

"人之初，性本善。性相近，习相远。"屠呦呦用小黄鹂一样清脆的嗓音，流畅地背着的，正是《三字经》。

《三字经》是宁波籍南宋文化名人王应麟编写的，是古代中国孩子的启蒙教材。宁波孩子上学第一课，就是背诵《三字经》。屠呦呦一边背，一边向父亲请教文章里的意思。

就在这时，隔壁突然传来一阵痛苦的哭声和尖叫声，把正在背《三字经》的屠呦呦吓了一跳。屠呦呦听出那哭喊声，是邻家的大姐姐发出的。

屠呦呦正在惊讶，她的一个哥哥匆匆从门外跑了进来，他一脸痛惜地告诉父亲——邻家的女孩子，正在缠足！

缠足是中国古代的一种陋习，古代的文人士大夫以女子弱不禁风为美，故意将女子的脚从小用布包起来，有的甚至还要在布里裹进碎瓷片，直到将女孩子的双足摧残得鲜血淋淋，停止生长。而那些男人则把女孩子摇摇晃晃走路的样子当作一种病态的美来欣赏。

屠濂规一脸沉痛。虽然宁波开埠较早，与世界各国往来密切，民间有不少开明人士已经学会睁开眼睛看世界，努力学习国外的先进思想和技术，但至今为止，缠足的陋习依然没能在民间完全消失。

乡间邻里甚至有"女孩子不缠足，长大了就嫁不出去"的说法。

屠呦呦不懂什么是缠足，好奇地问哥哥。哥哥吞吞吐吐地告诉她缠足的可怕之处，屠呦呦听着隔壁大姐姐一阵紧似一阵的尖叫声，吓得把发白的小脸藏到父亲怀里，一个劲地大叫："爸爸，呦呦不要缠足，不要缠足！"

屠濂规怜爱地抱紧了小女儿："放心，爸爸不会让咱们的呦呦缠足。"

他可不想让自己的女儿当一个大门不出二门不迈的传统大小姐，只知道文阁刺绣，长到十四五岁就嫁人生子，然后一辈子待在厨房里，成了名副其实的黄脸婆。

屠呦呦趴在父亲怀里，她的小脑瓜里紧张地想着自己要怎么做才能不缠足——在她幼小的心里，以为缠足是一种惩罚，只有坏孩子才会被缠足。自己只要努力做个好孩子，就不用缠足了。

可是，怎么样才能做个好孩子呢？

屠呦呦的眼睛突然一亮，有了！她曾经在家门口看到，有不缠足的大姐姐从街头欢笑着跑过。几个哥哥曾经当着她的面，用赞赏的语气夸奖过这些大姐姐，说她们是聪明又勇敢的女学生。

屠呦呦拍着小手说："我不缠足，我要当女学生，当女学生，不缠足。"

屠父和哥哥一怔，然后齐声笑起来："原来呦呦也知

屠
呦
呦
：
理
想
治
愈
世
界
015

道当女学生不用缠足啊。"

屠濂规点点头:"这样也好,我早就想着送呦呦去崇德女校了。"

屠濂规所说的崇德女校,在当时的宁波,乃至全中国,都是大名鼎鼎,因为它是旧中国第一所采用中西结合教育法的女子学校。

崇德女校的前身是宁波祝都桥女塾,由英国基督教循道公会传教士阿尔德赛(Aldersey)女士于1844年创办,比梁启超和经元善发起创办、颇有名气的上海经正女学还要早54年。

女校不仅让宁波的部分女子打破闺门禁锢,走上社会,而且让她们接受近代自然科学和社会科学知识教育,逐步走上自强、自立的道路,这在中国历史上可谓是破天荒的大事。

而女校在宁波民间最家喻户晓、石破天惊的一件事,就是鼓励女学生不缠足!

每一位入学的女学生,都会被老师教导不要缠足,老师甚至还会亲自上门,用科学道理告诉家长缠足对孩子的伤害,恳求、鼓励家长抛弃缠足的陋习。

崇德女校的学生们,个个都是"大脚片子",她们在学校里快乐地上着体育课,参加运动会。

所以在宁波,穿着学校制服、迈着一双天足轻快地从街头跑过的女学生,成了一道独特的风景线。

年幼的屠呦呦经常搬着小板凳坐在家门口玩，不时看到从开明街跑过的女学生，自然而然留下了"读书，做女学生，不缠足"的印象。

听到小女儿用稚嫩的嗓音发出对封建礼教的反抗声，屠濂规慈爱地抚摸着她的头发："好，好，我们家呦呦不缠足，当女学生！"

🕐 **时光思语**

对女性的解放表现在不缠足、上学堂上，同时被解放的是女性的智慧、力量和世界观。

▐第三章▐

通往求知的校门被流氓把守着

　　一个月后，邻居家的大姐姐一边抹着泪，一边扶着夹壁弄堂"磨小脚"——这又是缠足的恶行之一，为了让女孩子脚上的伤口不至于过早愈合，导致缠足半途而废，邻居大姐姐的家人逼着她天天不停地走路，常常一圈走下来，双脚鲜血淋漓。

　　就在这时，一个扎着两根麻花小辫子，扬着圆圆的小脸蛋，身着布衫和百褶裙子，穿着齐膝白袜、黑布鞋的小姑娘，背着沉沉的布书包，拉着父亲的手，从家里雀跃着跑了出来："噢，我要读书了，我要上学了！"

　　正在"磨小脚"的邻家大姐姐愣住了——读书？女孩子也可以像男孩子一样读书？

这时，几位邻居老太在旁边很不屑地瘪了瘪嘴。屠家不但送女儿上幼儿园，现在居然更进一步，让小小的屠呦呦去当女学生？真是昏了头了，读书又不能当饭吃，女孩子由家长教着认几个字也就够了，怎么可以抛头露面去学校读书呢？这真正是世风日下、人心不古、伤风败俗。看她以后长大了，还有没有人家愿意讨来当媳妇！

在众人惊诧的议论声中，屠呦呦拉着父亲宽厚的大手，沿着风景秀丽的姚江边的槐树路，来到了宁波崇德女校小学部。

只见学校门口挂着两行大大的校训——"崇文化人，德润童心"。

然而，令小小的屠呦呦惊讶的是，学校大门紧闭，几个青皮流氓一样的人，正聚在门口，对着铁门又踢又打，甚至往门里扔砖头！有几个背着书包的女孩子躲在一边不敢上前。

这是怎么回事？

原来，崇德女校虽然勇敢地打破了旧中国套在女性身上的牢笼，却也因此遭到部分顽固的封建老朽的抵制。

当时民间有人恶意传言，说崇德女校里的女教师自己都生不出孩子，所以借开办学校骗孩子读书，其实是要把孩子拐带到国外。还谣传，宁波的女孩子听了教师的课，会不敬祖宗父母，天天想着跑到外国去。

更恶劣的是，有人怂恿流氓无赖，时不时跑到学校门口骚扰学生上课。

正是因为种种谣言和社会的无形抵制，导致偌大的一个崇德女校小学部只有数十名女学生。由此可见，屠呦呦的爸爸妈妈是承受着多么巨大的世俗偏见，以怎样的勇气，将小女儿送往知识的圣殿。

屠呦呦看到正在学校门口打砸的流氓，吓得瞪大了眼睛，原本欢快的脚步也停了下来。

屠濂规也站住了脚，意味深长地问屠呦呦："那道大门后，就是女子学校。呦呦，你真的想要读书吗？读书能让你成为一个了不起的人，但是，也需要你付出很多辛苦和努力，甚至有些艰苦，并不比缠足的邻家大姐姐轻。你真的愿意努力读书吗？"

屠呦呦咬着嘴唇想了想，父亲曾经给她讲过悬梁刺股、凿壁偷光等古人刻苦读书的故事；他也讲过自己家隔壁的天一阁的故事——范家子孙后代分家时，宁得一本书不要一担银。父亲讲述的一个个古人求学求知的故事，早就在屠呦呦幼小的心灵中种下了向往科学知识的小苗。

"只有读书学习，才能成为有本领的人。爸爸，我要读书！"

说着，屠呦呦整了整书包，勇敢地大步向学校大门走去。那几个犹豫不决的女孩子们也壮起了胆子，紧跟着她走进了学校。

学校门口捣蛋的青皮流氓挡不住她，今后更大的困难也吓退不了她。也许在她的前方，还将经历无数的狂风暴雨，但是，在知识的浇灌下，小苗终有一天会长成参天大树。

⏱ **时光思语**

读书能让你成为一个了不起的人，但是，也需要你付出很多辛苦和努力。

▎第四章▎

"用眼珠子炼银子"的神秘小楼

当当当，崇德女校，老师敲响了上课铃。

正在操场上和同学们如同小鹿一样活蹦乱跳的屠呦呦，匆匆地擦了把汗，就向教室跑去。

自从进入学校后，屠呦呦就成了一条游进知识海洋的小鱼儿，如饥似渴地学习着各种知识。

崇德女校因为是由西方传教士创办的，所以教育方式中西合璧，极具特色。屠呦呦在学校里不仅能学到国文、英语、数学、化学，还会学弹钢琴、唱歌、缝纫和刺绣。

在学校里的每一天，都让她充满了惊喜，一扇扇知识的大门向她敞开，她热爱优美动人、念之令人余香满口的唐诗宋词，也爱需要开动脑筋才能解出来的一道道严谨的数学题，她在家政课上精心烹饪着宁波海鲜，也在姚江边的小树林中大声背诵着英文……

不知道，今天，老师又将给屠呦呦带来哪些新的知识？

老师带着屠呦呦和她的同学们向教室外走去，女学生们窃窃私语——这是要举行室外活动吗？奇怪，这一堂可不是体育课啊。

突然，同学们轻声低呼起来，前方，一座三层洋灰小楼出现在面前，那是实验楼。

实验楼，是崇德女校的镇校之宝，拥有相对当时的中国学校而言非常先进的实验器材，各种花了大价钱从国外进口的玻璃仪器、标本和实验试剂比一些地方大学的实验室还齐全。

这其中，更有一批从英国进口的显微镜——全铜镜身，手工打磨的镜片——远渡重洋来到宁波，每一台显微镜的价格是当时一个四口之家数年的生活费。

屠呦呦的眼睛闪闪发亮，她早就知道实验室这个宝库的存在，但只有高年级的同学才能在老师的指导下使用，今天，她也终于有资格进这座宝库了。

实验室的门在孩子们面前打开了，女学生们发出一声声惊叹——实验室里到处是她们不认得的稀奇古怪的物品，有长着细长的脖子却凸着大肚子的透明玻璃瓶，有弯弯曲曲像蛇一样的细管子，各种各样不知名的五颜六色的粉末装在瓶子里，甚至实验桌上还摆放着大小不一、锋刃闪亮的刀具。

等等，那是什么？！

实验室角落的壁橱里，放着一排排装着透明液体的大玻璃瓶，瓶里，漂浮着青蛙、蛇等小动物的尸体！

在崇德女校读书的女学生，都是宁波最聪明、最勇敢的姑娘，但当她们看到刀具和玻璃瓶里的小动物尸体时，有些女学生还是吓得绞紧了双手：天哪！难道外面流传的学校拿小孩子的眼珠子炼银子的事是真的？！

拿小孩子的眼珠子炼银子，是崇德女校实验室刚刚建成投入使用时闹出过的一场风波。宁波当地人看不懂各种实验用具，以讹传讹，居然谣传这实验室是专门把儿童骗去挖眼睛，再用邪门药水炼银子的，因此有个别愚昧的市民叫嚣着要把实验室砸毁。

谣言吓得家长跑到学校，把自己的孩子又接回了家。幸好学校的老师反复上门做工作，开放实验室让市民参观，这才平息了这场因为愚昧无知而引发的风波。

老师听到了孩子们的窃窃私语，她含笑道："不要怕，泡在玻璃罐福尔马林里的，只是一些小动物的标本。今后你们也会亲自动手解剖小动物，制作标本。你们已经学过科学，应该知道用人的眼睛，是炼不出银子的。宁波人倒是有句老话，叫'眼珠子掉到铜钿里拔不出来'，天下再神奇的药水，也没法从人眼睛里炼出白花花的银子来。"

女学生们顿时笑成一片。

在笑声中，屠呦呦盯着实验室里一件件叫不出名字的器具，早就着了迷。如果说，以前学习课本上的知识，已经让屠呦呦看到一个新世界的话，那么动手做实验，在屠呦呦心中，就是自己在亲手建造新世界。

屠呦呦很快成了实验室里最心灵手巧的学生。她喜欢看着老师用烧瓶、烧杯、酒精灯等器具，将不同的物质组合在一起，然后发生种种瑰丽的反应，如同过年时三江口的烟花；她喜欢用皮毛摩擦玻璃棒，然后吸附发丝——原来这就是传说中雷公电母打出闪电的原理；她最喜欢趴在显微镜前，看平时用肉眼看不到的微生物的世界，原来一滴水中，真的有无数的小精灵……屠呦呦恨不得天天泡在实验室里，对她而言，试管、玻璃瓶和显微镜比唱歌跳舞等通常女孩子喜爱的文娱活动，更有吸引力。

每天到学校上课，成了屠呦呦最热切盼望的一件事，从开明街到槐树路的马路上，天天能看到她背着书包飞奔的小小身影。

学校的老师们也很喜欢屠呦呦，在她们眼中，屠呦呦是个既有个性又有毅力的学生，虽然她的成绩在班上不算数一数二，但在学习上却有一股令人佩服的倔强劲儿。

她学习总是很自觉，每天放学回到家，第一件事就是打开书包做作业，不完成作业绝不会去做其他事，任何事也干扰不了她。有时，几个哥哥会跑进来，约她出去玩，她却雷打不动。"哥，我在做作业呢。"

以至于父亲常常倒过来以她为例子教育几个大的孩子：

“看到了没有，要想有出息，就得自律。”

有一次，屠呦呦因为身体不舒服请假，落下了一段课程，期中考试时，有一门功课只考了 60 分，这可是她从来没有过的成绩。小小的屠呦呦既没有气恼，也没有沮丧，而是埋下头来，花了更多的时间复习功课。在下一次考试中，这门功课她得到了 90 分的高分。

她喜欢看课外书。屠呦呦家里藏了不少古书，这也成了她沉浸其中的神奇天地，经常能看到她坐在一排书架下，手持一卷古书，看得津津有味。没过多久，家里的藏书就被她翻得差不多了，她就将喜欢看的书再翻出来，重读一遍。

屠呦呦 14 岁时，她的哥哥屠恒学特意拍了张照片送给妹妹，并且赠语奋发好学的屠呦呦：“学问是无止境的，所以当你局部成功的时候，你千万不要认为满足；当你不幸失败的时候，你亦千万不要因此灰心。呦呦，学问决不能使诚心求她的人失望。”

学校的中西合璧教育，和家庭良好的传统文化熏陶，造就了屠呦呦扎实的知识功底和宽广的视野。

然而，屠呦呦快乐无忧的童年学习生活，很快被打破了，战争，降临到她和无数宁波父老乡亲的头上。

1937 年卢沟桥事变，日本全面侵华！

身为五口通商城市之一的宁波，也因为是战略要地，多次受到日军从海上、陆地的联合攻击，但英勇的宁波军民都将其击退了。

日军从海、陆两处战场进攻宁波不能得手，并不甘心，时不时用轰炸机来肆虐一番。因为当时中国军队防空设备极度缺少，面对来自空中的敌人，宁波军民根本没有反击的能力，只能跑到简陋的防空洞里躲避，市民们无奈地称之为"跑轰炸"。

在敌人如雨的炸弹下，宁波的繁华不再，曾有"走遍天下，不如宁波江厦"之美誉的江厦街变成了一片废墟，连德国西门子公司建造的灵桥，也挨了好几枚炸弹，宁波无辜的军民被炸死炸伤 3 万多人。

屠呦呦就读的崇德女校也受到了战争的影响。因为学校多次受到日机的轰炸，部分校舍被炸毁，为保护学生，校方不得不决定，将中学部搬到奉化的乡下——亭下村，借用村里的沈家祠堂上课，而小学部的学生，有的回家中自习，有的不得不转学。

屠呦呦转到鄞县私立郧西小学读书，其间还被迫中断了正常学习，更不要说能定下心来在自己最心爱的实验室里做实验了。但屠呦呦并不知道，就连这样辗转求学的时光，在战争岁月里也将成为一份奢望。

🕐 **时光思语**

学问是无止境的，所以当你局部成功的时候，你千万不要认为满足；当你不幸失败的时候，你亦千万不要因此灰心。学问决不能使诚心求她的人失望。

‖第五章‖

生化恶魔
——藏在麦粒面粉中的跳蚤

1940 年，10 月 27 日，早晨 7 点。

这是一个被屠呦呦永远铭记，同样也是被历史永远铭刻在国耻柱上的日子！

一阵飞机的嗡嗡声在屠呦呦位于开明街的家的上空响起。

机翼下刺眼的红圈圈标明了这架战争机器的身份——日本侵略者的轰炸机！

这不是宁波第一次受日机轰炸了。

看到日机又来轰炸，在刺耳的防空警报声中，屠呦呦在家人的保护下，正要逃到防空洞里躲避，却已经来不及了。当时宁波并没有雷达那样先进的防空设备，只能依靠人工发现飞机提前预警，但因为日机从附近的舟山起飞，所以预警的时间极短，经常是日机到达宁波上空后，防空警报才会响起。

在屠呦呦惊恐的目光中，盘旋在开明街上空的日机开始低空俯冲——要投弹了！

然而，让屠呦呦惊讶的是，空中落下的并不是带来轰鸣、火光、弹片的炸弹，而是一张张花花绿绿的纸片。

有些纸片正好落在屠家屋顶、院子里，屠呦呦爸爸捡了一张，匆匆看了一眼，立刻厌恶地扔到了地上。

原来，那纸上画着"中日亲善"的图画，旁边写着：大日本帝国人民丰衣足食，所以有大量的余粮来帮助中国的穷人，吃了日本的粮食，就要中日友好，共建大东亚共荣圈。

黄鼠狼给鸡拜年，没安好心！

自从日军侵略中华以来，善良的宁波人民听够了侵略者虚伪的谎言。

在历史上，宁波人民和日本人民一直往来密切，曾经结下过源远流长的友谊：唐代时，日本的遣唐使就是在宁波上岸的；明代，宁波的民间石雕大师受邀东渡日本，建造了日本的国宝奈良寺东大殿；宁波的天童寺是日本佛教曹洞宗的祖庭，数百年来不断有高僧大德赴日本传授与人为善的理念；被中日人民津津乐道的徐福率领大批船只东渡日本的故事，也发生在宁波的慈溪达蓬山……

然而，曾经将无数中华传统优秀文化传播到日本的宁波人民，如今却在日军的铁蹄下挣扎。

这些满是侵略者伪善言论的传单，根本没有人理睬，被当成垃圾清扫干净。

当天下午两点，日机再次入侵。

屠呦呦在家里，听到随着战机尖利的俯冲声，屋顶瓦片上传来了沙啦啦的声音，似乎在下一场大雨。

这一次，日机扔下的并不是纸质传单，从天而降的，是麦粒和面粉！开明街上空顿时弥漫一大片淡黄色的云雾。

这是怎么回事？难道日军真的善心大发？居然空投粮食给宁波老百姓？

宁波虽然是鱼米之乡，良田遍布，但是附近的上海正是中日大战的主战场之一，大军激战征调了许多粮食，所以宁波普通市民家中的粮食也颇为紧张。看到日机空投粮食后，个别贫困之家还真有些心动了，悄悄出门打算清扫收集屋顶、地面的粮食，清洗干净后也好糊口。

然而，半是疑虑半是惊慌的宁波市民很快发现了麦粒和面粉中隐藏的魔鬼——跳蚤！

大量跳蚤藏身在轰炸机扔下的麦粒和面粉中，这些小小的魔鬼从屋顶、地面跳入居民家中，简直是无孔不入，屠呦呦家也跳进了不少跳蚤。

人们被跳蚤叮咬后，个个身上发起了红肿的小疱，特别是那些收集粮食的人家，就算是穿着长衣裤，也被叮咬得全身瘙痒不止。

东洋小鬼子果然不是好东西，空投的粮食里居然藏了跳蚤，虽然跳蚤伤不了人，只能叮得人发痒，但也够恶心人的。

宁波市民一边痛骂日军，一边打扫卫生，拍打家中的跳蚤。

屠呦呦家也不例外，全家忙着清理跳蚤，为了避免跳蚤钻到身上，屠呦呦的父亲还把孩子们的袖管、裤脚全都扎了起来。

然而，善良的宁波人民还是小看了日军的凶残和邪恶，当他们忙于打扫卫生时，一个隐身在跳蚤里的恶魔已经悄无声息地降临到他们身上。

当天晚上，宁波下了一场大雨，将屋顶上人们来不及清理的麦粒、面粉和跳蚤，全都冲到了一楼接雨水的水缸里或者水井里。

那时宁波普通人家还没有接通自来水，家家户户靠接天落水——雨水，或从井里打水饮用。掉落到水缸或水井里的麦粒、跳蚤根本无法清理，这自然又惹来宁波市民对日军的一片痛骂声。

10 月 30 日，轰炸后第三天，屠濂规从外面带来了一个惊人的消息，隔壁开明街口滋泉豆浆店店主夫妻双双暴病而亡！

屠呦呦一家大吃一惊,这个豆浆店是一家人经常吃早点的地方,开店的夫妻俩身体一向健康,怎么说病就病,而且在极短的时间内就暴毙了呢?

然而噩耗接踵而来,离屠呦呦家不远的王顺兴大饼店、胡元兴骨牌店、元泰酒店、宝昌祥内衣店,相继有人暴亡。

开明街家家户户一片恐慌,因为医院传来消息,各种各样的西药根本治不好正在暴发的疾病,医院里躺满了从各处送来的病人,他们双眼发红,瞳孔突出,呕吐不止,有的病人因为高热说着胡话,有的病人因为口渴甚至趴在阴沟里抢水喝,越来越多的病人正在死去!

终于,一个可怕的消息如同晴天霹雳,打在屠呦呦、她的家人以及宁波市民的头上——正在大规模流行的是可怕的鼠疫!

医生为病人做了淋巴腺穿刺涂片检查,经检验确诊,造成很多市民横死的死神名字叫鼠疫!

一切的答案揭晓了!

日军扔下的夹杂在麦粒和面粉里的跳蚤,其实是细菌武器!

那一只只跳蚤吸饱了鼠疫病人的血液,每只跳蚤身体里都包含着亿万个鼠疫耶尔森菌,它们通过叮咬或污染水源,感染了无辜的宁波市民!

这是世界战争历史上,军队首次大规模对平民使用细菌武器,揭开了战争史最罪恶最丑陋的一幕!

事后才知道，日军最臭名昭著的 731 细菌部队和 1644 部队，联合实施了这次细菌战。位于哈尔滨的日本 731 部队拿中国活人当"马鲁他"——也就是活的人体试验材料，在他们体内繁殖鼠疫病菌，然后由驻守南京中山门的日本 1644 部队，利用鼠疫病菌培育疫蚤，最后通过位于舟山的日本空军部队空投到宁波开明街上空。

为了更有效地感染宁波市民，日军故意编造了中日亲善、用粮食救济穷人的谎言，利用空投的麦粒、面粉哄骗市民主动接触鼠疫源——疫蚤，而当晚天降的一场大雨，更加剧了鼠疫的传播，很多人家饮用了污染的水后，纷纷感染了鼠疫。

最早死去的那对豆浆店夫妻，就是因为用掉进了跳蚤的水做豆浆，自己又饮用了豆浆后，暴病而亡！

短短数日内，宁波有 130 多位市民感染鼠疫病亡，当地政府紧急将开明街划成了疫区，用高达一丈多的围墙将疫区隔离起来，禁止一切人员擅自出入。

屠呦呦一家人幸运地没有感染鼠疫，但为了杜绝鼠疫的传染，11 月 30 日，政府决定将疫区内的房屋全部烧毁，屠呦呦不得不离开了留有自己美好童年记忆的家。

大火，在开明街点燃。

这里，是宁波的市中心，曾经是最繁华热闹的地方，民光影院、大世界舞台、缸鸭狗汤团店都在这条街上，然而如今为了消灭鼠疫，宁波人不得不亲手点起了一处处火头。

火光倒映在屠呦呦幼小而又惊恐的眼中，大火整整燃烧了 4 个小时，115 户人家原本幸福美满的家园被烧成了一片废墟。

这笔日军犯下的血债，永远烙印在屠呦呦心中！

而屠呦呦也惊讶地发现，原来自己最崇敬、最向往的科学，居然能被恶人用来残害无辜的老百姓！

在医学的圣殿，对细菌和病毒的研究，原本是为了对抗疾病，造福人类，可是邪恶的日军，却用这发源于医学的技术当武器，反过来危害人类，做这人神共愤的勾当！

人类发明科学，传承科学，利用科学，究竟是为了什么呢？科学，究竟是好还是坏？

小小的屠呦呦，第一次迷茫了。

🔬 **呦呦心法**

迷茫是思想的先导。有迷茫的土壤，才会有思想的花朵。

‖第六章‖

一帖中药治好了迷茫的心

　　鼠疫灾情过后，屠呦呦一家受战争影响，搬入了开明街 26 号的莲桥第，这是屠呦呦的外婆家，由屠呦呦的外公姚咏白兴建。这是一个真正的书香门第，外公姚咏白曾任上海法学院、复旦大学、大厦大学的教授，他的儿子即屠呦呦的舅舅是著名的经济学家姚庆山。

　　莲桥第是一座秀美的江南小楼，坐北朝南，由前厅、大厅、正楼、后屋组成。前厅和大厅为面阔三间二弄的二层楼房，饰车木栏杆，廊楼板端面有卷草纹雕饰。正楼为面阔三间一弄、进深五柱的高平屋，五脊马头山墙。后屋为三间一弄硬山式高平屋。屠呦呦就住在长着高大乔木小院后的二楼，成长在这个书香浓郁的家庭中，一抬头，就能看到青砖绿瓦的马头墙。

但是，住在淡雅别致的小楼内，受到亲人呵护的屠呦呦，却并没有多少笑颜，因为在日军投下罪恶的细菌武器的6个月后，宁波就沦陷在日军的铁蹄之下。

屠呦呦经常能听到父亲从外面带来坏消息：

日本兵在大街上随意抓捕市民，一句"抗日分子"，无辜的市民就会被抓进大牢备受折磨。

灵桥头，专门有日本兵站在那儿维持秩序，手里拿着长长的竹竿，任意殴打、侮辱过桥的市民。

市面上优质的大米粮食都被日本兵搜刮走了充当军粮，普通市民只能吃发霉的小米。

不过，有时候屠濂规也会带来好消息。他在关上门、拉上窗帘后，悄悄告诉亲人，在宁波的四明山脉，一支叫"三五支队"的抗日游击队，正在崇山峻岭中打东洋小鬼子，中国人正用自己的血肉组成抵抗敌人的长城！

这一天，屠呦呦父亲归家后，一脸气愤地告诉子女，日本兵又在造孽了，为了不让四明山里的抗日游击队得到治伤的药，强行搜刮走了医院里所有的西药，甚至凶残地下令，老百姓家里谁敢藏着西药，就是通敌，要被枪毙。

这下宁波的老百姓可又遭罪了，生了病，就算有钱，也买不到救命的药。

家人压低声音七嘴八舌痛骂了一顿日本兵，善良的屠呦呦情不自禁地为四明山里的游击队员担心，如果没有了西药，受伤的战士们可怎么救治啊？

半月后，莲桥第的小楼上，屠呦呦紧闭双眼躺在宁式雕花木床上，清秀的圆脸一片潮红，往日紧扎的两根小辫子披散开来，沾着汗湿贴在了额头上。

她一会儿脸色发红，一迭声叫"热死了热死了"，全身出汗，父母用了好几条毛巾擦汗也擦不干，可片刻之后，却又脸色发青，浑身颤抖个不停，大叫"好冷"，家人不得不赶紧拿几条被子裹着小姑娘。

这病忽冷忽热，折磨得屠呦呦神志不清。

屠呦呦的双亲看到女儿这样痛苦，连忙请了医生来，医生用听筒听了听屠呦呦的呼吸、心跳，又用体温计一量体温，脸色一沉："这孩子得疟疾了！"

疟疾，民间又叫冷热病、打摆子病，是宁波地区的一种常见病。

宁波地处江南，水网遍布，气候温湿，草木旺盛，一到夏季蚊虫极多，随之而来，由蚊子传播的疟疾也成了常见病。底层的穷苦人家生活条件差，住舍低矮破旧，垃圾、脏水遍布，数代人同居，这更加剧了疟疾的恶性传播。

一到夏季疾病高发时期，常常出现整个家庭甚至整个弄堂的人全都得病的情况；情况严重时，老人和孩子等抵抗力弱的人会重病致死。

疟疾，是宁波人谈之色变的瘟病。

古代时，宁波人不知道疟疾是由蚊子传播的，还以为是湿热之气使人致病，故又叫瘴气，每次瘴气病传播，人们都束手无策。

不过，屠濂规听说心爱的小女儿得了疟疾后，却并没有怎么担心，反而松了口气。因为他知道，用奎宁可以治好疟疾，虽然奎宁很贵，但为了治好孩子的病，他花多少钱都愿意。

奎宁是众所周知治疗疟疾的特效药。民间传说清朝康熙皇帝也得过疟疾，遍请中医名家却治不好，这时西方传教士献上金鸡纳树的树皮制作的一种草药——金鸡纳霜治好了康熙皇帝的病。这奎宁，就是从金鸡纳树里提取出来的西药，治疟疾有奇效。

然而，给屠呦呦看病的西医却苦笑着摇了摇头："医院里的奎宁都被日本兵抢走了！"

他压低嗓子道："山里的游击队员因为住在潮湿的山洞里，好多战士都得了疟疾，需要奎宁治病。日本兵把所有医院、药店里的奎宁都给抢走了，说要让游击队队员全都生病而死。"

屠呦呦父亲被日本兵的恶毒所震惊，他担忧山里的游击队员们，但更心痛重病的小女儿，可是如今就算屠家拿出家里所有的钱，也买不到奎宁。

幸好，医生告诉屠呦呦父亲："不要担心，日本人抢走了西药，可我们还有中医啊。游击队战士、普通的老百姓，还有你女儿，都可以用中药来治疗。"

在医生的介绍下，屠呦呦父亲请来了一名老中医，老中医给屠呦呦把了脉，开了一帖中药。

中药很快抓来了，屠呦呦好奇地看着各种各样的草根树皮被放到小药罐里，煎成了浓浓的、黑黑的一大碗汤汁。

屠呦呦接过母亲手里的药碗，闻了闻古怪的药味，又小口啜了口药汁——又苦又涩，太难吃了！

屠呦呦其实对中医中药并不陌生，她的爷爷就是中医，坐堂行医救人无数。而开明街附近，就是有名的药行街，顾名思义，这条街上全都是药行、药店，著名的"寿全斋""大乙斋""全生堂"等药店一年四季飘散着浓浓的中药香味。

但是，当时西学东渐，什么东西都被认为是西方的好，就连医学也不例外。传承了数千年的中医被不少人斥责为糟粕，甚至有人公开在报上叫骂中医中药是骗术，是毒药。有钱人生了病，都以看西医为荣，只有贫穷人家，才图中药便宜看中医。

中医中药，到底是能救人的宝贝，还是胡言乱语的骗术？

当屠呦呦向父亲提出自己的疑问时，屠濂规沉思了片刻，告诉小女儿：中医是中国人的传统文化，虽然其中有糟粕，但也有精华，绝对不能一股脑儿全扔了。

屠濂规告诉她，早在1700多年前，一个叫葛洪（公元284～364年）的古人，就在宁波用中药治病救人了。

宁波的北仑有一座不起眼的小山，叫灵峰山。1700多年前，东晋时的古人葛洪曾经来到灵峰山上求仙炼丹，他当时就发现，在灵峰山脚下一带，村民因为地处海边潮湿的环境，很容易患病。

为了替百姓治病，葛洪便从其他地方寻来了一种名叫"莘草"的药草，亲手种植在灵峰山上。只要有百姓得了病来找他，他总是用这种草药来给百姓治病，效果异常显著。久而久之，这附近百姓便很少有患病的，灵峰山一带逐渐呈现出山清水秀、人丁兴旺的景象。

葛洪在灵峰山炼丹治病时，他的母亲就住在隔壁山上的茅洋村。葛洪是一个孝子，每天要爬过一道山岭去看望自己的母亲，问候起居。久而久之，人们便把这条岭叫作孝子岭。有时，葛洪因为给百姓治病实在腾不出时间去看望母亲，他就往母亲住的山岗上望望，磕个头。于是人们又把葛母住的地方叫作望娘岗。

灵峰山下的百姓为了纪念葛洪，尊称他为仙翁，又为了表彰神奇的莘草治病之功，将灵峰山脚下的山岙取名为"莘岙"，至今莘岙村还有农家居住，年年举行仪式纪念葛洪。

在宁波，关于葛洪的传说有很多，北仑、奉化、宁海等地都有所谓的葛洪炼丹地，其中宁海有许多人姓葛，自认是葛洪的后裔。其实，这是朴实善良的人们，用这种方式表达对葛洪用中医中药救人无数的感激和纪念。

听着父亲介绍中医中药的神奇，屠呦呦对中医这个中华古文明瑰宝的向往之心油然而生。

屠呦呦端起药碗，咕嘟咕嘟将药汁全都喝了下去。

数日后，屠呦呦的病痊愈了。

然而，她原本瘦弱的身子却因这一场大病折腾，更加雪上加霜。

1946 年，16 岁的屠呦呦又不幸染上了肺结核——这病在解放前几乎是绝症的代名词，屠呦呦不得不因病从宁波私立甬江女中初中休学，在家里调养了两年半。

在这次绵绵不断的病休中，屠呦呦服了不少的西药，更喝了无数的中药，当她终于能重新背起书包时，圆圆的脸蛋瘦成了尖下巴，但是她的思想却更成熟了，因为，她终于想明白了此前一直困扰自己的问题——科学，究竟是好还是坏？

原来，科学知识本身是没有善恶之分的，只看它掌握在何人手里，落在日本侵略者手里，知识变成了恶魔，但在葛洪这样一心为民的人手里，则能救活无数人。

等我长大了，我也要用科学知识来治病、救人！

就是从那时起，屠呦呦与博大精深的中医文化结下了不解之缘。

呦呦心法

理想的形成绝对不是一蹴而就的，它需要你留心人生道路上最强烈的那个路标。

‖第七章‖

烽火求学路，悬壶济世心

"解放区的天是明朗的天，解放区的人民好喜欢……"1949年5月25日，宁波街头一片欢腾，两千多名学生穿着自己最漂亮的衣服，腰上扎着红绸，肩上抬着毛泽东主席、朱德总司令的画像，敲锣打鼓，边唱边跳，从开明街、药行街一直到灵桥，举行了热烈的胜利大游行。

这一天，宁波解放。

在庆祝解放的师生中，就有屠呦呦。她已经成长为亭亭玉立的少女，依然是令人见之可喜的小圆脸，依然梳着麻花辫子，依然是很有个性的性子，只是因为经常熬夜看书，戴上了一副眼镜，但这却让她更显文静。

屠呦呦和她的家人，终于过上了真正和平安定的生活。

在战火纷飞的岁月中，屠呦呦一直没有停止求学的步伐。

1948年春，大病初愈的她，考入宁波私立效实中学读高一。

效实中学创立于1912年2月，由中国早期物理学家何育杰以及一批当时著名的科学家联手宁波当地的实业家李镜第共同创办。效实中学在创办5年后就声名鹊起，该校的毕业生如果成绩异常优秀，可以免试直接升入上海圣约翰、上海复旦、上海光华三所大学。屠呦呦在效实中学度过了高一、高二的读书生涯。

受战火的影响，出于经济原因，屠呦呦不得不在高三时从收费较贵的效实中学转到宁波中学（宁波市最早的官办新式中学堂之一），继续完成自己的学业。

从屠呦呦呱呱坠地，一直到高中，她人生中最美好的童年、少年岁月，都笼罩在战争的阴影中。她的邻居、同学甚至亲戚，都有人死于战火或者因战火引发的饥饿、疾病中。

而屠呦呦的求学求知路也同样走得非常艰辛。为了躲避战火，她曾经和同学们一起，随校远迁到乡间，借农村的祠堂，就着蜡烛，忍受着蚊虫叮咬认真读书；课本和教学器具被毁或遗失，她就亲手抄书，一笔一画把一本本厚厚的课本抄出来，她还帮着老师一起动手做教具，手持小榔头，用收集来的树枝、木板做三角板、圆规……

很多同学都忍受不了这种动荡与艰苦，纷纷停止了学业。屠呦呦在效实中学读高一时，她所在的班里还有 51 名学生，可到了高二下半学期，空荡荡的教室里只剩下 36 名学生，像屠呦呦这样坚持下来的女学生，更是凤毛麟角。

但即使在这样艰苦甚至是生命安全都得不到保障的学习条件下，屠呦呦依然取得了语文平均成绩 71.25 分、英语平均成绩 71.5 分、数学平均成绩 70 分、生物平均成绩 80.5 分和化学平均成绩 67.5 分的不错成绩。

这成绩，在今天不知内情的人看来，似乎并不突出，但是要知道，她的不少同学干脆交了白卷。这不能怪孩子们，并不是每个孩子都有勇气顶着天天从头上落下炸弹的危险而安心读书考试的。

即使在战火的洗礼中，屠呦呦在学习上对生物的偏爱也已经展露——生物的成绩遥遥领先其他各科。上生物课的时候，听着老师的讲解，屠呦呦完全沉浸在生物的迷人世界中，以至于老师感叹说："如果其他同学都能像屠呦呦一样勤学好问，认真听讲，我即使再辛苦也开心！"

在宁波中学读高三期间的屠呦呦衣着朴素，低调而不起眼。但是，班主任徐季子老师却感受到这个女生身上有一种特别的执着和专注，并用这样的评语鼓励她："不要贪念生活的宁静，应该有面对暴风雨的勇气。"

屠呦呦做到了她幼年时站在崇德女校大门前对父亲的承诺——无论面对怎样的艰险阻挠，都不能挡住她一颗求知而勇敢的心！

正是亲眼看见、亲身感受到纷飞的战火给自己和无数人民带来的痛苦，不知不觉间，一个坚定的信念，如同一颗种子，在屠呦呦的心中发芽、成长、开花——我要以治病救人为一生的理想！

 **呦呦心法**

只有利他的思想才会展现非凡的力量，并激发内心的动力。利益他人的面越广，这种爆发力就越强大。

第八章

莲桥第出了个女状元

1951 年，宁波中学。

在由清末名臣、湖广总督张之洞亲笔题写的石质牌匾"宁波府中学堂"前，正要面临高考的学生们三三两两探讨着课题，交流着自己向往的大学，憧憬着美好的未来。

新中国刚刚成立不久，百废待兴，祖国的大好河山正等着莘莘学子去建设，每个学生在谈到未来时，眼睛都是闪闪发亮的。

众多学子热烈地讨论着未来，有一个少女却独坐一隅，只是静静地翻看着手里的课本。

正在看书的少女正是屠呦呦。她一边看书，一边悄悄听着同学们的谈论。有的同学希望自己今后能够成为工程师，在祖国大地上到处造桥、盖房子、修铁路——别的不说，宁波就需要很多大桥。宁波市区内有甬江、姚江、奉化江三条江流过，不同城区的人们来往非常不方便，至今只有一座德国人造的灵桥供人们来往。这位同学一心想在三条江上造好多座大桥，让父老乡亲们抬脚就能过江。

有的同学想当炼钢工人，在炉火纷飞的钢铁厂冶炼出整块整块的大钢锭，用这些钢铁来造枪、造炮、造军舰坦克飞机，当然，钢铁也可以用来造房子、造桥。新中国的宁波人，可以再也不用依靠德国人冶炼的钢铁架桥了。

还有的同学想当教师，为祖国培育出更多的优秀学生。要知道就算是在宁波城区，依然有许多市民是文盲，连自己的名字都不会写。

当然，还有同学挥着拳头，兴奋地闪亮着眼睛，说自己想当解放军，为保家卫国出力。

的确，新中国的周边安全环境非常恶劣，国民党军队退居在台湾岛上，叫嚣着要反攻大陆；在朝鲜，抗美援朝战争正在激烈地进行着，无数"最可爱的人"为了保家卫国正在爬冰卧雪，而美帝国主义悍然对新中国发出了动用核武器的威胁。

正在同学们热烈地谈论着未来时，一个同学匆匆跑了过来，原来学校里准备排演歌剧《刘胡兰》，正在招募学生演员。听说是要演女英雄的故事，同学们虽然毕业在即，依然表现出了极大的热情，纷纷前去报名。

屠呦呦并没有跟随着同学们一起去，她性格文静，很少参加这些热闹的群体活动，有时老师拿她的作文当范文念给同学们听，她的脸都会微微发红。

屠呦呦目送着同学们意气风发远去的背影，默默沉思着，大家都有自己的理想，而自己的理想，也早就已经确定了——学医，研制药物，造福人类！学医，或许是在每天走过的药行街飘散着的药香味中，她萌发了这个愿望；或许是开明街那一场耻辱的熊熊大火，她坚定了自己的信念；或许是她病弱的身子让她痛切感受到挽救生命的可贵；或许是亲人们讲述的关于葛洪的传说让她对治病救人的职业开始神往……

临近高考，屠呦呦填报了高考志愿——心仪已久的北京大学的医学院药学系。为了实现这个理想，她更刻苦地备战高考，哪怕在休息时间，她手里也拿着课本看个不停。

屠呦呦知道自己选择药学作为未来的道路，并不是当时的"热门行业"。

新中国各行各业都急需人才，医药行业也不例外，无论是城市还是农村，都需要大量的医药研究人员研发新药，为老百姓治病。但是当时很多人认为，新中国要发展医药卫生，应该以西医为主，应该培养更多的青年西医人才。

然而，屠呦呦却并不这样认为。老百姓需要医生，但是西医的技术源头在西方，刚刚诞生的新中国却受西方轻视甚至敌视，很多技术都被封锁，这其中包括各种医疗技术和资源。

而且，培养一个西医需要大量的时间，但老百姓却实在等不起，每月每天甚至每时每刻，都有大量的百姓因为缺医少药而病倒。一场重病，不仅会拖垮一个小康之家，甚至可能导致妻离子散的人间悲剧！

老百姓，需要医生，大量能够立刻赶到他们身边、为他们治病救命的医生！还有大量价格便宜、在山间田头随处可以采摘的药物！

屠呦呦想起家里堆在书桌上那一本本厚厚的中医古籍——《黄帝内经素问》《伤寒论》《神农本草经》《本草纲目》，这些都是几千年来我们的历代先人为炎黄子孙留下的宝贝啊！

不知道有多少治病救人的中医技术流散于战乱之中，如果这些技术、药方能够得到重新整理、研究，那么，新中国就能不受西方的制约，立刻研制出一批百姓急需的良药，培训出一批批良医。

这一本本古医书，不是废纸堆，分明是一个个无形的宝库！

我一定要学医！

屠呦呦再一次将头埋进了厚厚的课本里。

1951 年夏末，开明街莲桥第门口，一阵阵鞭炮的脆响声引来了一群群好奇的邻居。这是怎么了？不过节不过年的，又没有新店开业，怎么放鞭炮放得这样热闹？

"哎呀，你不知道啊，阿拉墙门里出了一个女状元了。隔壁家的小囡屠呦呦，考上北京大学了，这就像以前的状元一样光宗耀祖，这样的大好事，当然要放放鞭炮喽。"

"屠呦呦考上北京大学了？这可不得了，走走走，我们一起去她家祝贺祝贺。"

20世纪50年代的中国，各种高级人才稀缺，就连中学毕业生，都被普通百姓当成文曲星看待，更不要说考上原本的"京师大学堂"——北京大学医学院了，这要是在古代，可是比考中举人进士还荣耀的事，怪不得邻居们如此兴奋。

这或许一半要归功于生病休学的那两年半时光，正是在那段日子，屠呦呦除了看许多课外书，还自学了高中的不少课程。这让她病愈后重新坐在课堂上时，已远远地超越了许多同学的学习水平，成绩突飞猛进。

高考三天，屠呦呦在杭州浙江大学的考点度过，完成了人生中最重要的一场考试。在等待发榜的日子里，她没事就翻翻刊登北大、清华等名校录取榜的《人民日报》《光明日报》等报纸，直到有一天她在报上看到了自己的名字。

热闹是属于他人的，被邻居赞为"女状元"的屠呦呦却依然待在自己的小房间里，一边看着书，一边听着父母和哥哥们在楼下与热情的邻居寒暄，她的一颗火热的心早已经飞到了遥远的北方。

——北京，我来了，医药学，我来了。

我将游进医药学博大浩瀚的知识海洋，在未来的 4 年，如饥似渴地学习！如同海绵。

那一年，屠呦呦 21 岁。

 呦呦心法

理想不是虚的东西，它可以治愈世界。

▍第九章▍

北京"洋和尚庙"里求知的灯火

1951 年 11 月。

一场飘飘扬扬的大雪，让北京城一派银装素裹。这里就是以前人们所谓的"天子脚下，首善之区"，如今则是新中国的心脏。

一群学生模样的青年，操着天南地北的口音，带着大包小包，踩着冬天的第一场雪，高一脚低一脚地走进了西城区菜园胡同。

一个带着南方口音的短发女生向匆匆走过的市民打听北京大学医学院的地址，市民指了指一幢教堂旁的哥特式建筑——它被包裹在当年的皇家建筑群之中。原来，这群青年都是全国各地考上北京大学医学院的年轻学子，能到新中国的首都学习最先进的医疗技术，让他们个个意气风发。

然而，当这些天之骄子站在医学院的门口时，现实却给他们迎头泼了一盆凉水。只见窄小的菜园胡同 13 号，立着几幢灰扑扑的老式西洋楼房，墙上的石灰都有点剥落了。那里，就是学校的教室、实验室和学生宿舍。建筑四周还散布着零星的几块居民自己开垦的菜地，真正应了"菜园胡同"这个名。

同学们在沮丧之余，七嘴八舌地议论着，自己考进的不是北京大学吗？怎么找到这破旧的地方来了？

打听了半天才明白，北京大学医学院虽然前面有"北京大学"四个字，但校舍却不是在风景优美的北大校园里，而是由西什库教堂的附属建筑改建而成。学生们的实验室和宿舍，还真是往昔"洋和尚"做祷告做礼拜的房间。

这时，最先问路的那个短发女生却一言不发，背着对她纤细的身影来说格外大的包裹，大步走进了宿舍。她不知从哪儿找了把扫帚来，开始打扫起已经渐渐在房前屋后堆积起来的雪。

这个女生，就是来自宁波的屠呦呦。

在屠呦呦的带动下，新来的同学们很快恢复了高涨的热情。新中国百废待兴，哪一处不缺经费，哪一家单位不是设施陈旧简陋，青年人正该努力建设新中国，而不是来享受。

学生们放下行李，立刻和屠呦呦一起投入了义务劳动。

坐落在"洋和尚庙"里的北京大学医学院虽然不起眼，但历史很悠久。它的前身是国立北京医学专门学校，创建于 1912 年 10 月 26 日，是中国政府依靠自己的力量开办的第一所专门传授西方医学的国立医学院校，是民国早期九所著名"国立"高校之一。医学院与北京大学几经分合，目前归属为北京大学医学部。

从五湖四海前来医学院学习的，有通过高考考入的年轻人，也有年龄较大、由地方医院推荐的医生。

屠呦呦所在的药学第八班有近 80 号人。屠呦呦因为少年求学时，受战火和疾病的影响，多次中断学业，所以年龄比别的同学略大一点，但是她的成熟稳重很快引起了人们的注意。勤奋努力、颇有个性的屠呦呦得到了师生们的一致喜爱。

从小生活在气候宜人的宁波，屠呦呦在刚到北京时很不习惯。又冷又干的天气很快让她的嘴唇干裂，手上也长出了大冻疮，一抓破皮，越抓越痒；从深井里打来的水就算经过长时间放置澄净，依然带着一股浓浓的苦涩味；吃的窝窝头硬得啃不动，小米粥里甚至夹杂着沙粒和小石子；还有，最可气的是学校时不时会停电，屠呦呦和同学们只能点起蜡烛、汽油灯看书做作业。

屠呦呦的家乡宁波以盛产海鲜闻名，就算是在战乱期间，鲜美的大黄鱼、银亮亮三指宽的带鱼、肥厚的鲳鳊鱼、各色贝类，也没在市民的餐桌上断过。屠呦呦的母亲还经常亲手做醉泥螺，让屠呦呦带到中学的食堂里下饭。

可在北京，这些美食就算有钱也买不到，更不要说千里赴京求学的屠呦呦了。到京没多久，屠呦呦就瘦了一圈，还生了几场不大不小的病，原本圆圆的脸蛋居然瘦出了尖下巴，黑框眼镜架在小巧的鼻梁上，显得格外大。

但是，生活上的不适应根本没被屠呦呦放在心上，她欣喜的是，自己到京求学，正好迎来了医学院脱胎换骨的发展大潮。

屠呦呦入学不到一年，1952 年，全国高等学校院系调整，北京大学医学院脱离北京大学，独立建院并更名为北京医学院，院长为胡传揆教授。北京医学院直属中央卫生部领导，办学经费由中央财政部转中央卫生部拨付，校址迁至北京市海淀区学院路 38 号。

这是医学院大发展的开端，屠呦呦坐在教室里，几乎天天都能听到好消息：

校领导从中央争取到了 1000 万斤小米用于校舍建设，这批宝贵的小米招揽来了大批工人，学生们也共同参与义务劳动，一幢幢崭新的教学楼、实验室、图书馆、学生宿舍拔地而起。

一批知名专家和心怀祖国的留学英才被聘请为教师，章琦、诚静容、张丽珠、李家忠、王叔咸、马万森等代表着当时中国和世界一流医药学术水平的专家登上了讲台，为屠呦呦和她的同学们讲解最前沿的医药学知识。

到了 1952 年 7 月，北京医学院的教职工从屠呦呦刚入学时的 300 多人，猛增至 1382 人，其中教授 41 人，副教授 26 人，讲师 50 人，助教 211 人，汇聚了一大批中国当时最好的教授、名医，由此组成了一支老中青结合、具有较高医学理论和专业技术水平、热心为新中国医学教育事业服务的师资队伍。

屠呦呦尽情地在医药学知识的海洋里遨游，她经常会写信给家人，告诉远在宁波的父母和哥哥们，自己在北京又学到了什么新知识，认识了哪位著名的医学教授，得到了他（她）的精心指点。

在这些信中，她只字不提个人生活和身体上的不适。

屠呦呦的理想是学中医，但当时的北京医学院并没有专设中医部。到了高年级，各班分科，按照不同的方向分为药物检验、药物化学和生药三个专业，屠呦呦选择了生药专业。所谓生药（crude drug），是指未经加工或者简单加工的植物类、动物类和矿物类中药材。和药物化学等热门专业相比，生药专业的学生需要花大量时间埋头文献，熟悉繁如星斗的各种药物，以及通过显微镜切片等观察其内部组织等。这对希望在医药学上大展身手的热血青年学生们而言，缺少吸引力。七八十人的一个班，选择生药专业的，包括屠呦呦在内，只有区区 12 人。

有的学生甚至嘲笑生药专业的学生是"只会死记硬背

发黄发霉古本的书呆子"。

但屠呦呦却乐意做这样的一个书呆子。

年轻的屠呦呦心志坚定，认准了一条道就会头也不回地走下去，她心里想得明白：生药专业是最接近具有悠久历史的中医药领域的专业，符合自己一直以来追求的志趣和理想。所以，当其他学生对着生药专业课程愁眉苦脸时，她却甘之如饴。

屠呦呦经常对同学说：

"无论是中医的生药还是西医的成药，是药三分毒，我们学中医也好西医也罢，都是一心治病救人。可如果弄错了一味药，就有可能危及病人的生命。无论学习哪个专业，我们都要把病人放在第一位。现在我们付出所有的努力去读书，将来才有信心让病人安安心心来就医。"

令屠呦呦惊喜的是，她在大学里遇到了两位良师，他们分别是留英归国的楼之岑先生和留美归来的林启寿先生，他们一个教屠呦呦如何对各类原产药材进行分类、识别以及通过显微镜切片观察内部组织，一个教她如何从植物中用不同的萃取剂提取有效成分，鉴定化学结构，撰写化学鉴定方法等。

这两位先生学贯中西，不但长期研究中医中药颇有心得，更带来了西方最先进的研究方法。对屠呦呦来说，听着两位先生在讲堂上的每一段话，都如同在听最优美的音乐，深深地烙印在她的心中。

 **呦呦心法**

　　要走窄门。在选择自己的学科或者事业时，要听从自己的内心，不要被大流所蛊惑。

‖第十章‖

摇瓶子啃书本的痴心姑娘

北京医学院的实验室里，一个穿着白大褂的女学生正将眼睛凑在显微镜前，聚精会神地观察着经过染色的植物细胞，查看着细胞结构，不时用笔在笔记本上记录下观察数据。

咚咚咚，一阵匆匆的脚步声响起，几个学生跑进了实验室，他们一看到坐在显微镜前的女学生，顿时笑起来："屠呦呦，就知道你又钻在实验室里忘记吃饭了，给，这是从食堂给你带来的窝窝头。"

这个一心做实验忘记吃饭的女学生，正是屠呦呦，她感受着同学们对自己的关心，灿烂地一笑，接过还带着点温热的窝窝头，大口大口啃起来。

食堂大师傅做的窝窝头量很足，比男生的拳头还大，吃一个就能充半天饥，但实在太硬，吃起来硌牙，很多学生要用热汤泡软了，才能吃下去。甚至有调皮的学生打趣说，北京医学院的窝窝头才是真正的"狗不理"——扔给狗，满口利牙的狗也啃不了。

但屠呦呦却对这"狗不理"窝窝头情有独钟，因为吃这个省时间呀！她早就已经习惯了埋头实验而错过饭点，有时同学会像今天这样给屠呦呦带饭送到实验室，但更多时候，屠呦呦只是喝口水顶一顶。她开玩笑说，自己个子小，吃不了那么多，就算是响应中央号召，节省粮食了。

同学们看着屠呦呦面前摊了一桌子的实验器具，摇了摇头："屠呦呦，真不知道你为什么这么喜欢待在实验室里。"

大家都知道，实验室里用到的好多药剂都是有毒的。学校的设备又不齐全，实验室里连个用来通风的风扇都没有，长时间待在实验室对身体伤害很大。不少同学就算是上必要的实验课，都要捂着鼻子，戴着口罩。

只有她，恨不得把实验室当家。

屠呦呦自然知道实验室的危害，其实老师们也经常告诫她实验室里种种危险之处——很多药水会腐蚀人的皮肤，散发出伤害人体的刺鼻气体；锋利的刀具不小心就会划破人的肌肤；就连看似无害的电气设备，如果操作不当，也会电死人！

然而，当初期的好奇消散后，别的同学纷纷对实验室避之不及，屠呦呦却深深"爱"上了实验室。

听到同学们善意却又不解的调侃，屠呦呦认真地说道："古人有句话说得好，'纸上得来终觉浅，绝知此事要躬行。'我学的生药专业需要辨认大量的药材，认识它们的药性，光靠翻古书可不行，要想真正了解药材，一定要亲自做大量的实验。老百姓可是靠这些药治病救命的，我只不过是钻在实验室里摇摇瓶子，又有什么好叫苦叫累的？"

屠呦呦钻在实验室里啃冰冷的窝窝头、摇瓶子的背影，成了北京医学院一道特有风景，甚至有同学给她取了个绰号——"摇瓶子的姑娘"。

其实屠呦呦不仅喜欢摇瓶子，她还喜欢啃书本。

在北京医学院求学期间，屠呦呦心中有两处"宝库"，除了实验室，另一处就是建成于 1922 年 7 月的国立北京医学专门学校图书馆。

图书馆珍藏着大量生物及医药卫生类图书，包括许多民间难以见到的古代珍善本。不少图书是清朝末年因为战乱而从皇宫中流传出来的古籍秘方，其中就有中国内地唯一一部珍善手抄本《太平圣惠方》十函共 100 卷 100 册。

屠呦呦将图书馆视为自己在大学里的第二个课堂和第二个家，一有空闲就埋头在图书馆古籍的海洋里，有时看书看得入迷了，甚至忘记时间。往往要等到图书馆快要关灯闭馆了，她才恋恋不舍地放下手里的书卷。

在大学四年期间，屠呦呦努力学习，取得了优异的成绩，尤其是对植物化学、本草学和植物分类学进行了深入的学习和研究，颇有收获。

1955 年，屠呦呦从北京医学院毕业后，以优异的成绩留京，分配在卫生部中医研究院（2005 年更名为中国中医科学院）中药研究所工作。

 **呦呦心法**

爱与痴迷，将引领你进入一重又一重的境界。

▌第十一章▌

初试锋芒，送走"瘟神"血吸虫

屠呦呦入职时，正值中医研究院初创期。当时，国家领导人也已经认识到中医的重要性，选派了一批专家组建了中医研究院，将其作为国家级中医药科研基地，对中医药各学科领域进行系统、深入的研究和探索。

屠呦呦分配到中医研究院中药研究所工作，真可谓"投其所好"。她很满意自己的这个工作。

当时的中医研究院中药研究所成立不足数月，各方面条件都非常艰苦，连一些必要的工作、实验设备都奇缺。

但屠呦呦却并没有因为这些困难而叫苦叫累，在她眼里，只要有水、有电、有显微镜，就能够开展工作。她总是很乐观——数千年来，一代又一代中医在深山老林里，与毒蛇猛兽为伴，亲采野药以口试毒，都可以研究出丰硕的成果，如今的研究院有这样的条件，已经比古代不知好多少倍了。

在研究院里工作，因为当时没有足够的防护设备，需要经常和各种各样的有毒有害药物、化学药剂直接接触，屠呦呦的体质原本就偏弱，孤身一人在北京，没有亲人照料，又不懂得珍惜、调理，以至于经常会身体不适。只不过，这些困难并没有减弱屠呦呦对中药钻研的热情。

在别人看来，在实验室内"摇瓶子"，分析各种各样的药材实在是顶顶无聊的事。

的确，中药的分类有很多，不同的古人不同的典籍，对同一种药材就有多种称呼，甚至完全相同的药材，在不同的地域又有不同的名称，光是给每种药材确定最基础的名称，就要耗费大量的时间。

但屠呦呦却锲而不舍，她会一整天一整天地待在实验室里，重复着一个又一个实验，记录着一个又一个数据。

就在屠呦呦潜心工作时，1956年，全国掀起了防治血吸虫病的热潮。

当时，民间将血吸虫病叫作"瘟神"，解放初期统计，全国有1000万余名患者，1亿人口受到感染威胁，有螺（钉螺，血吸虫的宿主）面积近128亿平方米，13个省、市、自治区都有病人存在。

孩子们得了血吸虫病，会影响发育，甚至成为侏儒，妇女得病会导致不育，男青壮年感染此病则会影响劳动。

最可怕的是，血吸虫病患者到了晚期，腹大如鼓，四肢又细又瘦，完全丧失行动力，最后被血吸虫夺去生命。因此它又被称为"鼓胀病""大肚子病"。

有的农村甚至因为整村的人感染了血吸虫病而出现了寡妇村、"无人村"。

作为中医研究院的工作人员，屠呦呦也积极投身到对血吸虫病的防治工作中去。她和自己的大学老师楼之岑共同开展了对有效药物半边莲的生药学研究。然而，师生两人很快就遇到了"拦路虎"。

最大的问题，还是古籍对药材名称和描述的不统一和混乱。如半边莲，就有细米草、急解索、半边花、舍荆草、长虫草等不同的称呼，有的半边莲只在三月至六月生长，有的却能全年生长。

不仅品种混乱，成熟、采摘时间不同的半边莲，药效也大不相同。原本古医书记载，半边莲可以用来治疗得了晚期血吸虫病、肝硬化产生腹水的病人，只要喝上二两半边莲煎的药汤，病人的腹水就能够减少。可是，在实际治疗中，很多病人反映，喝了半边莲药汤后，病情根本得不到缓解，更加痛苦不说，还耽误了治病。

屠呦呦和楼老师在得到病人的反映后，决定解开半边莲的药材之谜。

这一次，屠呦呦不再埋头在实验室，而是来到了血吸虫病多发的野外现场，亲手采集样本。

半边莲是一种长着五片莲花瓣的小草，喜欢生长在水田边、沟旁、路边等潮湿之地。为了采集到不同的样本，屠呦呦常常一头汗两腿泥，风里雨里在野外搜寻。

经过师生两人共同努力，终于，中药半边莲的品种混乱等问题解决了。1958 年，关于半边莲的生药学研究成果收录在人民卫生出版社出版的《中药鉴定参考资料》中。

此后，屠呦呦又完成了品种比较复杂的中药银柴胡的生药学研究，1959 年，这项成果被收入了《中药志》。

这是屠呦呦第一次根据当时的客观需要，用大学所学的知识在科研工作上初试锋芒，获得成功！

1958 年，全国防治血吸虫病获得巨大成功，百姓送走了这千年"瘟神"。当胜利的捷报传来时，屠呦呦欣慰地笑了。

利用中医中药，真的能造福百姓啊。

其实，说起来令人难以相信，屠呦呦虽然一心钻研中医中药，但她无论是在大学期间还是在工作后，都没有系统地学习过中医，很多知识都是靠她自学积累的。

1959 年，屠呦呦终于等来了一个机会——卫生部举办了全国第三期"西医离职学习中医班"。

1958 年 10 月 11 日，毛泽东主席对中医药做了重要批示："我看如能在 1958 年每个省、市、自治区各办一个 70 ~ 80 人的西医离职学习班，以两年为期，则在 1960 年冬或 1961 年春，我们就有大约 2000 名这样的中西结合的高级医生，其中可能出几个高明的理论家。"

屠呦呦毅然响应毛主席的号召，报名参加，成为了"中医研究院西医离职学习中医班第三期"学员，脱产学习了两年半。这是她第一次全面系统地学习中医药知识。同一时期，全国共举办了 37 个学习班，脱产学员 2300 余人，在职学习的有 36000 余人，不仅培养出了一批中西医人才，更脱颖而出很多技术骨干和学术带头人。

屠呦呦很幸运，脱产学习期间，有许多当时如雷贯耳的中医名家前来授课，这其中，就有周恩来总理的保健医生蒲辅周。

蒲辅周身为国医圣手，对屠呦呦等学生精心培养，备加爱护。对屠呦呦这样"半路出家"的学生，蒲老亲自动手编教材，因材施教。

蒲老治学看病都极其严谨，屠呦呦和同学们开出的每一张药方，他都是看了再看，细细修改，同时仔细讲解中医辨证论治的窍门。

在这样的名师的指导下，屠呦呦的中医水平突飞猛进。

屠呦呦脱产学习结束后，参加了卫生部下达的中药炮制研究工作。

炮制，是中医中一项古老而又神奇的技术，一株草药，经过炒、炙、烫、煅、煨、蒸、煮、淬、漂、浸、飞等不同方法的炮制后，可以把毒草变成良药。

比如说剧毒乌头，只要服一克，就能让一个成年壮汉全身发麻，倒在地上，严重时甚至会毙命。可是经过炮制后，乌头不但去除了毒性，还能散经络之寒而止痛，有效治疗风湿、关节炎和心痛病。

认识到炮制的神奇，屠呦呦大感兴趣，几乎是全身心投入了进去。除了认真研读大量中医药资料外，她还天天钻到北京的老字号中医药店和药材公司，虚心向老师傅学习中药鉴别及炮制技术，当起了一名小学徒。

不久，她对药材的品种真伪、道地质量以及炮制技术有了进一步的感性认识。

然后，她又将自己苦心学到的炮制知识，全都融入了《中药炮制经验集成》一书，成为该书的主要编著者之一。

《中药炮制经验集成》系统整理了历代及现有主要的中医炮炙传统经验，收集中药炮炙品 501 种，成为中药材研究领域的一部重要书籍。

🔬 **呦呦心法**

化学家路易·帕斯特说过"机会垂青有准备的人"。古语说：凡是过去，皆是序曲。然而，序曲就是一种准备。

‖第十二章‖

丛林里隐身的夺命恶魔

1967 年。

正当屠呦呦在中国北京投身于治病救人的中医研究事业时，在遥远的南方国境线边上，一场战争正在激烈地进行着。

越南南部的一处原始森林上空，数架美军直升机咔咔旋转着螺旋桨，从茂密的热带丛林上空掠过。机舱内的大兵歪戴着钢盔，嘴里嚼着口香糖，扣紧了加特林机枪的发射扳机。顿时，一道道金属火流如同鞭子一样抽进了丛林，下起了一阵重金属暴雨。

与此同时，空中又有几架鬼怪式战斗机俯冲下来，怪叫着扔下了一枚又一枚凝固汽油炸弹，在丛林中炸起了一团团小型的火焰蘑菇云。

在更远处，一批装载着"橙剂"的远程轰炸机，伴随着重炮炸出的一排排火墙，嗡嗡飞了过来，将带有剧毒、可以导致人体畸形的化学落叶剂，洒在了连绵不绝的丛林和山头。

美军占据绝对优势的海陆空立体火力，旨在消灭北越人民军。这场战争从 1959 年开战，已经整整延续了 8 年，至此仍看不到终战的曙光。

面对美军压倒性的战争武器优势，北越军队在中国的支持下，承受着巨大的牺牲，依然坚持战斗，茂盛的原始森林、连绵的群山，是他们最好的伙伴。

越军在温热潮湿的丛林小道里潜行，钻沟挖洞，通过游击战与敌人战斗着。

然而，丛林里到处隐藏着看不见的杀手，也许是一棵有毒的树，也许是一处深不见底的泥潭，也许是带有天然有毒矿物质的泉水，也许是一只微不足道的蚊子！

在越军的一个秘密藏兵洞中，临时搭起的战地医院一片忙乱，满脸焦急的医务人员正在紧急抢救一批生病的战士，只见这些战士一个个脸色忽青忽红，浑身颤抖不停，高热让他们不停地胡言乱语。

然而无论医务人员是给病人打针还是服药，病情却根本不见一点起色，最后这些战士，倒卧在阴暗潮湿满是泥浆的战地医院里在痛苦的挣扎中死去。

这些勇敢的战士，没有倒在美军的炮火下，却死于看不见的病魔，而这个病魔正是疟疾！

疟疾在战火纷飞的越南，成了比炮火更致命的敌人！越南地处热带，山岳连绵，原始丛林密布，一年到头雨水不断，炎热潮湿的气候助长了蚊虫滋生，有一类蚊子叫按蚊，它们的身体里带着人类肉眼看不到的魔鬼——疟原虫！

科学家已经发现，疟疾的真正罪魁祸首是一种叫疟原虫的单细胞生物，疟原虫通过蚊子叮咬进入人体后，大举侵入血液中的血红细胞，拼命争夺人体的营养，攻击健康的细胞，从而导致人生病，甚至毙命。

而越军为了躲避美军强大的火力攻势，不得不长期在原始森林中活动，被蚊子叮咬的几率大大增加。一只小小的按蚊，一天内就可以叮咬数十甚至上百人。疟疾一传十，十传百，在军队中呈暴发性流行。

更严重的是，因为长期大量使用氯喹、乙胺嘧啶、阿的平等抗疟药，疟原虫已经产生了抗药性，病人吃再多的药也不管用，只要感染了疟疾，几乎就等于收到了死亡判决书！

一场场生命的悲剧在越南战场上演——

一个团的北越部队奉命进军南方战场，经过一个多月在丛林中的秘密长途行军后，终于穿越丛林，但一千多名战士都感染了疟疾。

当他们踉踉跄跄走进待命出击的阵地时，因为高热而红肿着眼睛的战士，形同厉鬼，瘦骨嶙峋的手连钢枪都握不住。虽然经过医生的全力抢救，可最后能保持战斗力的士兵，不足 200 人！

一座大山的秘密藏兵洞里，有着齐全的供给和设施：流动的泉水、堆积如山的中国援助大米，甚至有独立的厨房和卫生间。

一支装备精良的越军部队奉命在藏兵洞里潜伏起来，然而一个月后，当进攻命令下达时，原本应该如同沉默的火山突然爆发一般从藏兵洞中勇猛冲出来的战士，却无声无息。

越军高级指挥员钻进藏兵洞一看，所有的战士全都倒在洞里奄奄一息，而罪魁祸首，就是山洞、泉水里大量滋生的带着疟原虫的按蚊。

不仅仅是军队，大量的越南百姓也深受疟疾之害，因为大批的精壮男子全都去打仗了，农田里只有老人和妇女干活，一旦感染疟疾，倒下的不是一个人，而是一个家庭。

因此，能否拥有更高效的治疗疟疾的药物，成了越南军民抵抗侵略者，甚至关系越南存亡、人民生死的关键因素之一。

当时的越共总书记胡志明为此亲自来到了北京，向毛泽东主席求援。

在革命战争时期曾感染过疟疾、深知其害的毛泽东回答说：解决你们的问题，也是解决我们的问题。随后，毛主席亲自布置了抗疟疾新药的研发任务。

原来，不仅仅是越南深受疟疾之害，中国百姓也同样谈瘴气而色变。

新中国成立前，疟疾就是全国猖獗的流行病之一，有七成以上的县（约3.5亿人口）受到疟疾威胁，每年感染疟疾的人数超过3000万。就算是到了新中国成立后，因为医疗资源的缺乏、百姓防疟知识不足以及自然灾害等原因，在20世纪五六十年代初，依然出现过三次全国性的大面积疟疾大暴发。

疟疾之可怕甚至连纪律严明的部队也不能免受其害。1951年，驻守云南边境的中国人民解放军部队，几乎人人都感染了疟疾，有的战士甚至反复感染，有的连队上下百多号官兵全都因病失去战斗力。这样的部队，不要说外出执行作战任务，连站岗放哨都颇为困难。

为了中国人民，同时也是为了支援越南，1967年5月23日，国家科委、中国人民解放军总后勤部在北京饭店召开了"疟疾防治药物研究工作协作会议"（此后项目代号称"523"任务），确定了抗疟疾的三年研究规划。

此次研究声势浩大，中央组织了国家部委、军队及10个省、市、自治区的医药科研、医疗、教学、生产等60多个单位，全国直接地、间接地参加这个项目的人员有数千人之多。

"523"任务要求新药物安全——毒副作用小，"三效"——药物要高效、速效、长效，包装要"五防"——防潮、防霉、防热、防震、防光，同时还要"一轻"——体积小、分量轻，"二便"——携带、使用方便。

新中国抗疟新药研究的序幕从此拉开了。

🕐 **时光思语**

以帮助他人为先导的行为，最终也将帮助到自身。

▌第十三章▌

研究院骨干临危受命

当时的屠呦呦，并不知道有这样一场看不到硝烟的战争正在自己身边打响，她正在享受着甜美的家庭生活。

历经十多年的辛勤工作，屠呦呦已经成了研究院的骨干科研人员，她以沉稳低调、一心一意做实事的风格，赢得了研究院上上下下的认同，许多重大科研项目，都有她的身影。

屠呦呦不仅工作一帆风顺，还收获了自己爱情的果实。

1963 年，屠呦呦在北京意外地遇到了中学同学兼老乡——和她一起在效实中学读过书的李廷钊。

李廷钊高中毕业后赴北京外国语学校学习外语，之后如愿考上了北京工业学院（现北京理工大学）。他是个优秀的学生，还担任了班长。1954年至1960年，李廷钊受国家委派到苏联列宁格勒工业学院学习钢铁冶炼技术，获得硕士学位。他学成回国后，辗转至北京钢铁学院和冶金部等单位工作，投身于当时轰轰烈烈开展的钢铁业大建设大发展的潮流之中。

似乎是老天爷的温柔安排，李廷钊姐姐恰在北京工作，在一次探望中，阔别已久的同窗——李廷钊和屠呦呦竟意外地再次相见。

在这次久别重逢中，李廷钊得知，屠呦呦终于实现了自己年少时的理想，投身于祖国的中医药研究事业，并且已经有所成就。

同时，他也了解到，因为长期埋首实验室，这个一心沉浸在学习研究中的姑娘，居然没有想到"研究"一下自己的终身大事，她一直没有结婚，依然是小姑独处。

李廷钊在很早以前就一直暗恋着屠呦呦，这个性格大大咧咧、意志却比一般男人还坚定、留着一头短发的清秀姑娘早就让他心生爱慕。这次，李廷钊在敬佩之余，顿起了"窈窕淑女，君子好逑"之心。

在李廷钊姐姐的牵线下，两个年轻人的心越贴越近。

1963年的一天，李廷钊终于大胆地向屠呦呦表白了自己的感情。

李廷钊性格温和，办事实诚，待人又体贴，屠呦呦对其也早就芳心暗许。她以一个女人的直觉和一个科学家的冷静，很快判断出：这正是她要找的人生伴侣。

于是，两人很快就在北京成婚。那一年，屠呦呦33岁。

因为两人的老家都在宁波，当时社会风气又提倡简朴结婚，所以两人只是举办了一个简单的仪式，将为数不多的家当搬到一起就算安了家。

婚后，两人都将精力放到了各自的事业之中。

李廷钊结婚后才发现，清秀的屠呦呦虽然是个女生，但心胸开阔，视事业为天，就是在生活上有点不拘小节。因为一心扑在工作上，她对自己的个人生活根本不懂得照顾，天天吃的是粗茶淡饭，有时因为工作忙过了饭点，干脆就饿肚子。而且因为长期和各种有毒药物打交道，屠呦呦患上了多种慢性疾病，身体比较虚弱。这让李廷钊心疼不已，愈发像个大哥哥似的处处照顾她，几乎包揽了所有的家务。

她有时还犯牛顿式的粗心。有一次，屠呦呦要外出开会，临出发时发现找不到一本重要的证件，李廷钊帮着妻子一起找。打开屠呦呦准备的行李箱一看，箱子里面的东西有点凌乱，不像别的女生那样收拾得井井有条，但在箱子的一个角落，几本中医书和科研文件却端端正正放在一起，那本让她找得天翻地覆的证件也好好地放着呢。

真是让人哭笑不得。

丢证件还是小事，屠呦呦甚至闹出过"大丢活人"的笑话。

有一天，屠呦呦坐火车到外地开会，那时的火车都是慢车，从一个城市到另一个城市，咣当咣当、摇摇晃晃要开上半天甚至好几个日夜，乘客在窄小的车厢内坐久了很是憋闷。

每当火车靠站时，乘客们都会迫不及待地下车，在站台上活动活动胳膊腿。

屠呦呦也下了车，不过，她下车可不是为了给自己放松，她的脑海里总是在不停地思考着，而且，她总是在用心地观察着——这是她长年来的工作习惯——每到一地，都会观察当地野生的植物，查看药性。有时，在站台边看到以前没见过的花朵，还会小跑过去采集。

那一天，屠呦呦与往常一样，沉思着，观察着，没想到，这一耽搁就将时间彻底给忘记了。等她听到火车的汽笛长鸣，才猛醒过来。

糟了！火车已经喷着浓浓的白烟，带着她的行李，毫不留情地消失在铁轨的尽头。

屠呦呦这些"粗线条"与心不在焉闹出的诸多笑话，落在丈夫李廷钊眼里心里，都化成了深深的敬重与爱意！

他知道，这并不是屠呦呦漫不经心。有人在意营造自己的幸福小家庭，有人喜欢斤斤计较衣服美食，而屠呦呦，却是将自己全部的身心都投入到中医药事业中。

他爱的就是这样的屠呦呦。

此后，为了支持屠呦呦的事业，李廷钊在忙碌工作之余，心甘情愿地将大部分家务活包了下来，什么买菜、烧饭、打扫等琐事，都由他一手操办。

在北方大老爷们看来，身为男子汉大丈夫，怎么能天天做"买汰烧"这种娘们做的事情？邻居们因此常常拿李廷钊开玩笑，调侃他是"妻管严"，但李廷钊却只是哈哈一笑，从来不在意。"妻管严"有什么不好？不正说明咱爱得深吗？而且，屠呦呦这个当妻子的根本就不管他，不信你去问她，他穿几码鞋子？几号衣服？她肯定一脑子糊涂。别说是老公的，就连她自己的鞋穿几码，她有时也会弄错。

他愿意做她的后盾，因为爱，因为需要。

结婚几年后，屠呦呦先后生下了两个女儿，家庭生活和和美美。

正当屠呦呦在北京生活、事业一帆风顺时，命运带着神圣的使命，敲响了她的门。

1969 年，中医研究院的领导找到了屠呦呦，脸色凝重地向她下达了一个命令：参加"523"任务。

🔬 **呦呦心法**

要拥有一颗很大的心，才能打开世界的大门，生命中的丰盈繁茂才会向你走来。

|第十四章|

抛家弃女的"光杆司令"

其时，"523"任务在向疟疾宣战两年后，陷入了僵局。

从各地传来的研发消息，只能用"一片灰暗，前景惨淡"来形容。

军方的专家利用西药乙胺嘧啶和氨苯砜组成了一个应急的预防处方，但这药每 7 天要服 1 次，麻烦且不说，在部队实地进行试服后，预防效果并不好。

专家又试着用磺胺、磷酸哌喹等组成新的药物，但这些抗疟药，不是见效慢，就是有较强的毒副作用，有时不但没治好疟疾，反而让病人病上加病，治病不成，反害人。

不仅仅是军方，全国各地的众多研究机构同样也是一筹莫展。很多专家将研究思路放在改良现有西药，或者通过多种药物的组合，来提高抗疟效果，但是经过反复的实验研究，疟原虫对这些药物都显现出了较强的抗药性。

两年之内，研究人员在全国筛选了万余种的化合物和中草药提取液，一无所获。

集全国之力没有尺寸之功，让"523"任务的参与者从上到下忧心如焚，要知道，当时的中国并不富裕，老百姓吃米吃油甚至吃盐都要定量，国家花费了大量的资金和资源却一事无成，让各路专家在沮丧之余，深怀愧疚。

情急之下，甚至有研究人员出了一份煞有介事的报告，认为治疗疟疾的首选是用杀虫剂 DDT 把传播媒介蚊子全都消灭光，这样不需要服药，就彻底解决了疟疾问题。"所以当前的关键不是研究药物，而是发动老百姓，打一场轰轰烈烈的灭蚊子的人民战争。"

这个报告后来被否决了。美国曾经使用过这个办法，他们用 DDT 大量消灭蚊子，其结果是，蚊子倒是少了，但是鸟吃了被 DDT 毒死的昆虫后死了，牲畜吃了带 DDT 的草和昆虫，把 DDT 带进人的饮食中了。早在 1955 年，美国人每天吃进去的 DDT 达到了 184 毫克。

这岂不是人类自寻灭亡吗？

但也由此看出，"523"任务毫无进展，上上下下，到了何等病急乱投医的地步。

当时"523"任务的中药抗疟研究也已经做了好多工作，曾收集各种秘方来实验，但都没有发现特别有效的药物。

正是在这万马齐喑的背景下，有关方面将视线从西药投向了北京中医研究院，中医研究院因此加入到了"523"任务的研发大军中。

中医研究院，听起来是研究中医药的，其实真正做的是中西医结合，其他下属中药研究所的构成人员，大部分都像屠呦呦那样，是正规医学院的毕业生，个个功底深厚，作风踏实，所做的工作是用现代技术研究中药，从中药中提取有效成分。

当时中医研究院是"文革"重灾区，39岁的屠呦呦临危受命，被任命为"523"项目中医研究院科研组组长。

屠呦呦承担国家级战略研究项目，在意料之外，也在意料之中。

说意料之外，是因为屠呦呦没有出过洋、留过学，头上更没有戴着什么博士大帽子，也不是什么某某祖传名医的传人。

说意料之中，那是研究院上下都知道，屠呦呦不仅兼具中西医背景，还有着踏踏实实、埋头苦干的科研精神，以及对中医药发自内心的热爱。

"523"任务需要的正是这样沉得下心、耐得住性子、坐得住椅子、不求名不求利的人。

因为这样的研究项目，也许数年、十多年也不见得能做出成果，性子浮躁、爱慕虚荣的人，就算个人能力再突出，也必定失败。

屠呦呦如同一个听到军号的战士，她并没有多余的话，没有什么慷慨激昂的表态，更没有蝇营狗苟的个人要求，只是默默地点了点头，就接受了这项任务。她说："对于一个年轻科研人员，有机会接受如此重任，我体会到了国家对我的信任，深感责任重大，任务艰巨。我决心不辱使命，努力拼搏，尽全力完成任务！"

"523"项目中医研究院科研组成立之初，只有屠呦呦一人，是个名副其实的光杆司令。

屠呦呦回家后的第一件事，就是和丈夫李廷钊商量，怎么安排好两个女儿的生活。

当时屠呦呦的大女儿才2岁，小女儿尚在襁褓，还离不开母亲的怀抱，而李廷钊虽然一心支持妻子的事业，但他在冶金方面的研究工作也非常繁重。屠呦呦分身乏术，根本没有精力在繁重的研究之余再照顾两个年幼的孩子。

那一夜，在因为电压不稳而昏暗跳动的灯光下，屠呦呦和李廷钊注视着香甜地躺在床上的两个女儿。对屠呦呦来说，两个孩子就是从她身上分出去的心头肉，晚上孩子一有动静，在睡梦中的她就会惊醒。

不知过了多久，夫妻俩终于共同做出了一个艰难的决定：为了确保屠呦呦能全身心投入研发治疟疾的新药，大女儿只能送进托儿所，而尚在襁褓的小女儿则由李廷钊这个爸爸来带。

2岁的大女儿已经稍懂事理，可是她还是不明白为什么一向喜爱自己的爸爸妈妈要把自己"扔"在幼儿园里，她只能以一个孩子的愤怒来表达自己的抗议——见到妈妈时，大女儿就故意扭头不理睬屠呦呦，连"妈妈"也不肯叫。

看到与自己生分的大女儿倔强地把自己看成"坏妈妈"，再想到由丈夫李廷钊手忙脚乱地照顾着、常常因为身体不适哇哇大哭的小女儿，屠呦呦的心在滴血。

但是她知道，她别无选择。在中国，在全世界，有更多的女儿、儿子、母亲、父亲在等着自己去拯救。

 **呦呦心法**

绝对是事业第一，生活要给事业让路。

|第十五章|

每天杀死数万生灵的魔鬼

时光倒流。

1638 年。

南美洲西班牙殖民地，秘鲁首都利马。

一名金发碧眼的贵妇人正躺在床上无力地呻吟着，她是西班牙驻秘鲁总督钦康的夫人——金琼女伯爵。

她在一次外出游玩时，突然染上了一种古怪的疾病，全身忽冷忽热，低热不断，原来她患上了间日疟。总督的私人医生对间日疟束手无策，只能眼睁睁看着高贵的女伯爵如同鲜花一样的容貌一日比一日憔悴。

心急如焚的总督想将自己的妻子送回西班牙治疗，然而私人医生警告他，以女伯爵的病况，未等远航的船只渡过大洋，她就会死在波涛汹涌的海上。

走投无路的总督，只得将治疗爱妻的希望，放在平时他根本不屑一顾的当地土著印第安人身上。

在总督眼里，毕竟印第安人在这片土地上生活了数千年，既然妻子的怪病是在当地得的，那么这些土著很可能有什么稀奇古怪的方法能治这种病。

果然，统治安第斯地区的西班牙省长根据印第安人的建议，给总督送来了几块树皮。他告诉总督，只要把树皮磨碎给夫人服用，就能治好这种忽冷忽热、低热不断的疾病。

总督将信将疑地让妻子服用了这种树皮磨成的漆黑苦涩的药粉，简直是奇迹降临，女伯爵很快停止了发热，几天后就恢复了健康。

总督从印第安老人处得知，这种神奇的树皮，来自民间叫"金鸡纳"的树上，"金鸡纳"，土著语就是"生命树"，当地的印第安人用这种树皮治发烧已经有上千年的历史了。

此后，金琼女伯爵回西班牙时，将金鸡纳树皮也带回了家乡，当时疟疾正在欧洲大陆肆虐，医生们除了给病人放血外没有任何有效的治疗手段，于是金鸡纳树皮粉立刻成了欧洲首种能有效治疗疟疾的药品。

1820 年，法国药师佩雷蒂尔和卡文顿从金鸡纳树皮里提取出了奎宁，成了后来家喻户晓的治疗疟疾的特效药。

这是西医首次战胜疟疾，虽然金鸡纳树皮是印第安人使用了上千年的祖传草药，但在西方医学界，依然将奎宁视为西药，视为欧洲医学研究的胜利。

此后，西方科学家进一步发现，疟疾，是经蚊子叮咬或输入带疟原虫者的血液而感染疟原虫所引起的虫媒传染病。寄生于人体的疟原虫共有四种，即间日疟原虫、三日疟原虫、恶性疟原虫和卵形疟原虫。得了疟疾的病人会全身发冷、发热、多汗，长期多次发作后，可引起贫血和脾肿大，最可怕的是得了恶性脑疟疾的病人，在很短时间内就会死亡。

在世界各国，深受疟疾之害的病人数不胜数。

第一次世界大战期间，在欧洲战场的西线，战壕绵延上百公里，铁丝网遍布，十多个国家的数百万交战军队陷入了堑壕战之中，战士们在坑道泥泞的污水中战斗，疟疾也随之暴发，短时间内，数十万战士失去了战斗力。

第二次世界大战，太平洋战争爆发之后，美、日两国军队在丛林密布、岛屿星罗的环太平洋地区交战，很多地区是无人区，蚊虫肆虐，疟疾给双方军队造成的损失，有时甚至比枪炮还严重。

其中最为人所熟知的是 1944 年日军入侵印缅边境的下场。日军在穿越野人山原始丛林时，10 万军队有 3 万余人患了疟疾。在英帕尔战役尚未全面展开时，那些叫嚣着武士道精神的侵略者，在小小的疟原虫面前不战自溃，扔掉了武器装备，在丛林中狼狈逃生。

有着充足的物质供应、良好的卫生条件、优越的医疗设施的军队，尚且闻疟疾而色变，更不要说条件更恶劣的平民百姓了。根据世界卫生组织报告，2010 年全球有 99 个国家、33 亿人口受疟疾威胁，全球疟疾患者 2.16 亿人，65.5 万人死于疟疾，其中 86% 为 5 岁以下的儿童！

 时光思语

　　诞生于大自然的病症，治疗的方法也来自于大自然。

▌第十六章▌

枪膛里只有"臭子"的女战士

　　战场的前方，屹立着一个在数千年里杀戮了无数生命的魔王。

　　一个孤独的女战士，手持钢枪走上了战场，她要用手里的武器消灭魔王。

　　然而，当女战士举枪瞄准，准备开枪时，她却惊讶地发现——自己手里的枪，膛内安装的居然是一发臭子——一发损坏的、根本不能正常发射的子弹！

　　这就是屠呦呦面对疟疾时最真实的写照！

　　枪支，是医学科技；子弹，就是无数代医者发明的药物。

　　可是，当时间走到上世纪六七十年代，人类医学发明的所有"枪支弹药"，都在疟疾这个恐怖大魔王面前败下阵来！

1969 年，中国，北京。

屠呦呦抛家弃女，研制抗疟疾新药，当她一头扎进实验室，面对疟疾时，才惊讶地发现，在与疟疾的"战争"中，人类至今依然屈居下风！

数百年来，各国科学家发明了各种各样的"武器弹药"来消灭疟疾——奎宁、氯胍、环氯胍、氯喹、伯氨喹、乙胺嘧啶等多种多样的抗疟药不断从实验室里诞生，帮助人类杀死疟原虫。

新中国在 20 世纪 60 年代，也自行生产出了常用抗疟药——氯喹、伯氨喹和乙胺嘧啶，不仅能满足国内需要，而且可以出口支援第三世界国家。

然而，在这场人类与疟疾的战争中，并不是一帆风顺、报捷的胜利号角声不断。事实上，狡猾的疟原虫也在不断进化，最可怕的是，因为大量抗疟药的使用，疟原虫居然产生了抗药性！

抗药性是微生物优胜劣汰的一种极端体现。在人类发明一种抗菌新药的初期，大量的微生物会被药物迅速地杀死，但是，总有一些基因突变的微生物能抵抗这种新药，从而存活下来。

随着药物的持续使用，没有抵抗力的微生物持续死去，可存在抵抗力的变异微生物也在大量繁殖，突然有一天，医生们会发现，药物已经克制不了具有抗药性的新一代微生物了！

人类与疟疾之战，就僵持在这道叫"耐药性"的分水岭上！

上世纪60年代，疟原虫已经对当时各种各样的抗疟药产生了普遍的抗药性！

无论医生怎样加大药剂量，病人体内的疟原虫依然活得自由自在。

也难怪啊！早在人类出现之前，疟原虫就在非洲存在了。蚊子出现在4000万年之前，疟原虫则出现在3000万年之前，那时候，还没有人类呢。可想而知，疟原虫的生命力有多顽强，它的基因又发生过多少次的变异。

屠呦呦这时的心情，就如同一个战士冲上战场，面对凶残的敌人，却发现自己手里的枪支居然哑火了，原本用来杀敌的子弹，成了一粒粒打不响的臭弹，根本没有用处！

怎么办？

怎么办？！

办法只有一个，那就是研究新的抗疟疾药！发明新的"武器"，坚决把疟原虫这个魔鬼消灭！

在世界各地，像屠呦呦那样，想研制出"新武器"来对抗疟原虫的科学家不止一个，许多优秀的科学家都在实验室想尽办法研制新药。

美国是最先进、最发达的世界超级强国，该国的许多科学家也同样在研制抗疟疾新药，因为在越南战争中，美军也深受疟疾之害，感染疟疾的非战减员比战伤减员高出4～5倍。

1965年，驻越美军的疟疾年发病率高达50%，有的部队从美国本土来到越南不足两个月，就全体感染上了疟疾。

据不完全统计，入侵越南4年间，美军因感染疟疾减员80余万人。

美军卫生署负责人悲叹：疟疾是令驻越美军最感头痛的头号军事医学问题。

经费充足、科研力量雄厚的美国人，为解决小小的疟原虫，专门成立疟疾委员会，拨出了天文数字的资金，派出了华尔特里德研究院、海军预防医学研究院等顶级的科研单位及数十家军事机构、企业的著名专家，到越南战场开展治疗疟疾的研究。

到了后期，美国甚至还联合了英国、法国、澳大利亚等国家的研究机构和欧洲的一些大药厂，投入了不可胜数的财力和人力，筛选了数十万种化合物，企图找到对抗疟疾的新药。

然而，美国几乎集中了整个西方最顶尖的科研力量，研究工作却屡屡碰壁，各种研制出来的新药不是无效，就是有着极大的毒性，根本不适合病人使用。

屠呦呦了解到世界各国对抗疟疾的进展后，果断决定——放弃利用西医西药治疗疟疾的手段！

当时中国的西医抗疟研究起步不久，和研究经费充足的西方国家相比，无论科研人员的数量、素质还是技术的积累，几乎可以用"一穷二白"来形容。而且当时国家的建设百废待举，各行各业都亟需资金，也没有美国那样多的研究资金可以用来周转。

　　既然西医西药这条路走不通，那又该走哪条路呢？

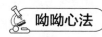 **呦呦心法**

　　要站在巨人的肩膀上工作，借力前人遗留的文明，勇攀新高。

┃第十七章┃

中医古方，新武器还是骗人的把戏

屠呦呦情不自禁地将视线转向了自己案头那一本本厚厚的中医书籍。

中医！

为什么我不能利用传承了数千年的中医，来战胜疟疾呢？

屠呦呦将中医视为对抗疟疾的新武器，并不是她胡思乱想。

她长期研究中医，早就已经发现，中医是我们的老祖宗给后人留下的丰富宝库，从历代留下来的浩瀚的中医资料中，就有古人用中草药治疗疟疾的记录！

中国，是有着 5000 年灿烂历史的文明古国，史书记载着无数先民与自然做斗争的丰功伟绩，这里面，就有与疟疾等疾病抗争的史料。

早在公元前 17 至 11 世纪的商殷时代，先人用来占卜的甲骨和祭祀天地的青铜鼎上，就出现了象形文字——"疟"，这说明 3000 多年前，我国中原地区已有疟疾流行。

《黄帝内经》中清楚地描写了疟疾的发病情形；汉代的《礼记》记载："孟秋行夏令，民多疟疾"；隋代《诸病源候论》则更详细："此病生于岭南，带山瘴之气，其状发寒热，休作有时，皆由山溪源岭瘴湿毒气故也。"古人并不知道疟疾是由疟原虫引起的，故称为"瘴气"。

在《三国演义》中，写到诸葛亮七擒孟获，就有"五月驱兵入不毛，月明泸水瘴烟高"和"瘴气密布，触之即死"的内容。《资治通鉴》记述：唐代天宝十三年（公元 754 年），侍御史剑南留后李宓领兵七万，征伐南诏到太和城（现在云南大理），将士十之七八死于疟疾和饥饿，全军覆没，李宓投江殉国。白居易惊闻此事后，写下了传世的诗句"闻道云南有泸水，椒花落时瘴烟起。大军徒涉水如汤，未过十人二三死"，用诗歌的形式记录了疟疾的可怕。

屠呦呦凭着自己对中医多年的深入研究，敏锐地感觉到，既然我们的老祖宗早在 3000 多年前就已经发现了疟疾这种疾病，那一定有相应的治疗方法！

治疗疟疾的新药、新武器，就在中医宝库之中！

屠呦呦确定了研究方向后，就从"本草"入手，一头扎入了中医药浩如烟海的资料之中。

从中医古籍中找出一个可以治疟疾的古药方，听起来很简单，似乎随手一找就能成功，可是等屠呦呦真正做起来，却发现难、难、难。

中医是宝库，但是这个宝库实在是太多！太杂！太乱！

首先是多。中医传承了数千年，历朝历代辈出名医，不同的名医治疗不同的病都有不同的方子，这些方子一张张铺开来，可以沿着赤道绕地球很多圈。

其次是杂。在数千年的传承中，中医的方子、药名经过了多次更改，有的疾病和药材的名称都和初始的大不一样。还有些名医，因为是独门偏方，为了保密，故意用了一些假名或者自家独创的符号，这样一来，一张药方就像天书，放在普通人眼前，看了也不明白。

最后就是乱。当时新中国成立不到 20 年，此前神州历经战火，许多宝贵的中医资料都遗失了。屠呦呦以及中医研究院的专家们虽然花费了很多精力从民间寻找收集医书古方，可是收集来的资料根本不成系统。

与其说中医是个宝库，更不如说是个超级大的杂物库，乱七八糟的各种资料都堆积在一起，根本无法理出一个头绪。

所以，屠呦呦想从这样一个宝库中找出治疗疟疾的有效药方，真正成了大海捞针，沙里淘金。

然而，面对重重困难，屠呦呦心里只有一个字，"找"——

只要下定决心，一定能找到抗疟古方！

万事开头难，只要自己走出了第一步，就会有第二步，第三步。路从来都是人走出来的，世上没有捷径，古人已经给我们在中医典籍里留下了救命良方，难道我们这些后人连找都找不到吗？

一方面，屠呦呦翻阅历代古方医书，从一段又一段佶屈聱牙的古文里细细寻找；一方面，她请教中国中医研究院著名的老大夫，还到处走访老中医，向他们这些活字典请教；甚至连群众来信也不放过——也许，从只言片语中能发现线索。

屠呦呦把这些千方百计收集来的中药资料都记录在一个绿色的笔记本上，这本笔记本扉页上写着"向雷锋同志学习"几个大字，它可是她的"绿宝书"。当时科研资料不易得到，还有不少中药信息只能从各地学校"革委会"的传阅资料中收集，屠呦呦就是这样一点一滴地把各种资料抄录在笔记本中，纤毫必录。

当时，屠呦呦名义上领导着一个研究小组，但因为种种原因，刚开始工作时，只有她一个光杆司令，但屠呦呦不叫苦不叫累，孤身一人，默默地潜心工作着。功夫不负有心人，在短短三个月时间内，她收集整理了包括植物、动物、矿物在内的2000多个内服、外用的方药，并通过筛选找出了640多种古医记载可以用来治疗疟疾的草药！

屠呦呦将这些宝贵的资料整理出来，并就此编写了一份《抗疟单验方集》，集子很快油印成册，于 1969 年 4 月送全国 523 办公室，然后又紧急转送到七大省、市，让更多的科学家借助古方开展进一步的研究。

初战告捷！

然而，屠呦呦并没有就此停步，找到古方只是第一步，验证古方是否有效才是重中之重。

这时，中医古方特有的杂乱再一次成了"拦路虎"。

一张中医药方，里面有君、臣、佐、使药多种，甚至数十种药，每种药的分量又各不相同，稍有改变，药性就会大变。

甚至采摘季节的不同也会影响药效，有的药还要经过种种复杂的炮制手段，不然的话，救命良药反而成了索命毒药。

而且，中医这个宝库中有精华也有糟粕，最被人诟病的，就是保持中医的颇显神秘的药引子。什么头发丝、锅底灰、无根水（不落地的雨水），各种千奇百怪的东西都要拿来入药，有些中医甚至把药效不好归结为药引子没用好。

在这样乱七八糟的药方里，究竟哪一种药的哪一种成分，才是真正能治疗疟疾的？

屠呦呦发现，翻过一山又一山，更大的难题摆在了自己面前。

屠呦呦一头钻进了实验室，再一次开始自己最熟悉也是最乏味的工作——"摇瓶子"，她要用手里最简单的设备，找出无数种药材中真正的抗疟成分。

一种又一种药材，通过不同的水煎、醇提等方式提纯，屠呦呦在实验室里熬过了一个个白天和黑夜，重复着一个个单调的实验。1969 年 5 月起，她制备了 50 余种中药的水煎或者乙醇提取物送军事医学科学院进行抗疟药筛选。终于有一天，她的眼前一亮，在 50 种中药中，一种非常常见、普通人家拿来做佐料的药物进入了她的研究视线，那就是胡椒。

屠呦呦实验发现，从胡椒里水煎、醇提获得的提取物，对小白鼠体内疟原虫的抑制率达到了 84%！

1969 年 7 月，时值"523"任务下海南疟区现场季节，中药所派屠呦呦等三位同志前往海南。在海南疟区的临床验证发现，胡椒提取物对疟疾病人只能改善症状，并不能完全杀灭患者体内的疟原虫。

这就好像面对一个敌人扔出一包胡椒粉，辛辣的胡椒粉能让敌人又打喷嚏又抹眼泪，但是，却无法从根本上战胜、消灭敌人。

屠呦呦课题组继续把研究的火力聚焦在胡椒上，先后送军事医学科学院测试胡椒等各种提取物和混合物 120 余个，但依然是失败连着失败。

1970 年 9 月，屠呦呦与余亚纲讨论扩大筛选范围，由余亚纲负责矿物和动物筛选，屠呦呦负责植物的筛选。

扩大筛选工作启动后，仅仅做了 30 余个筛选样品，屠呦呦就发现其中有一种植物的乙醇提取物表现优良，疟原虫抑制率 68%——这就是青蒿。这是青蒿第一次在屠呦呦视野中的清晰亮相。然而遗憾的是，当时因为中药所没有抗疟活性检测条件，屠呦呦课题组的抗疟药物筛选不得不中止了。

事实上，当时在全国各省、市，无数参与"523"项目的科学家同样经历着种种失败，除了屠呦呦他们在关注胡椒，也有科学家发现常山和鹰爪两种中药能有效遏制疟原虫。

从常山里分离出来的常山碱，对疟原虫抑制率最高达到了 80% 以上，可是，常山有着极强的毒副作用，病人服用后会剧烈地呕吐。屠呦呦也曾着手选取一些有止呕功能的中药配合常山碱，在鸽子及猫的呕吐模型上进行药理实验。但最好的组合也仅对鸽子的呕吐模型有效，对猫无效。

而另一种中药鹰爪的根部，也可以抑制疟原虫，但是这种中药在全国的生长覆盖非常稀少，很难大量提取，无法大面积推广制药。

于是这两种药物都不得不放弃。

此外，各地的专家还试验了仙鹤草、陵水暗罗等十余种中草药，但都因为各种各样的原因，不可能制成药品。

那种抗疟的仙草，究竟在哪里呢？

 **呦呦心法**

　　像侦探般做最烦琐的基础工作是无法逾越的阶段，不要小瞧它，浪漫和神奇的成果来自于不浪漫的烦琐和严谨。

|第十八章|

菜场摊位上的救命药

时间很快走到了 1971 年。北京，秋高气爽。

在热闹拥挤的菜市场，屠呦呦正在买菜。一向忙于科研很少做家务的她怎么有空来买菜呢？

只见屠呦呦挨个摊位问着，有没有青蒿？

青蒿，并不是北京人常吃的蔬菜，偶尔有人会为了清火，拿青蒿叶子凉拌，或者和猪蹄一起熬汤，更多时候，只是农民拿来喂猪的杂草。所以屠呦呦找了好久，才买到了一大捧新鲜的青蒿。

屠呦呦拎着青蒿，转身匆匆向中医研究院而去。奇怪，她怎么不拿着青蒿回家烧菜，反而一路走进了中医研究院的实验室？

屠呦呦进了实验室后，如往常一样开始实验，只见她将青蒿细细地切碎，搅拌，然后煎煮，再将药汁滤清，收汁，最后将获得的青蒿汁交给同事进行动物实验。

原来，她这是拿青蒿做抗疟疾实验。

"523"项目研究工作在1971年5月再次由国家发文推动，这一次中医研究院组成了4人的疟疾防治研究小组，由屠呦呦领导抗疟新药的研发和攻关。第一批"523"课题组的其他成员转而进行其他科研项目，屠呦呦是中医科学院唯一一个留下来继续"523"项目研究的人。

1971年7月至9月，屠呦呦和同事马不停蹄地筛选了100余种中药的水提物和醇提物样本200余个，但结果令人失望。

用可以喂猪、当菜吃的青蒿治疗疟疾，并不是屠呦呦胡来，而是来自中医的古方。屠呦呦长期钻研中医资料发现，我国劳动人民和医药学家在数千年前就记录了用青蒿治疗疟疾的历史经验。

在距今已有二千多年历史的湖南马王堆汉墓出土的帛书《五十二病方》是先秦的医方书，书中就有使用青蒿治病的记录；成书于公元2～3世纪的《神农本草经》中，青蒿名为草蒿，"主疥瘙痂痒，恶疮，杀虱，留热在骨节间，明目"；明代医药学家李时珍撰写的《本草纲目》和其他历代医书，也都有用青蒿治疗疟疾的记载。

不仅是医书古方，屠呦呦还通过走访群众，了解到我国民间也流传着青蒿可治疗疟疾、驱杀带疟原虫蚊子的经验。

在江苏、湖南、广西、四川等地，当地的老百姓自发用青蒿捣汁、水煎、研末等方法治疗疟疾。江苏省高邮农村从古至今流传着"得了疟疾不用焦，只要红糖加青蒿"的民谣。

屠呦呦曾经收到过一份从高邮县龙奔公社焦山大队送来的报告，说当地有一位农民得了疟疾后，在农田里干活，疟疾突然发作，浑身"打摆子"，哆嗦个不停。那农民实在忍受不了痛苦，随手从野地里拔了一把青蒿生吃，结果疟疾奇迹一般被治好了。

为了验证这份报告，屠呦呦带着三位同事赶到了高邮县，当地负责疟疾研究的工作人员被突然从北京赶来的屠呦呦等人吓了一跳。当得知屠呦呦想到焦山大队实地调研时，顿时苦起了脸——因为屠呦呦等人来得实在太突然，县里下乡没能提前安排交通工具，如今连想找一辆自行车代步都做不到。

屠呦呦毫不动摇："那我们就走着去。"她说走就走，当先出门，一行人一口气走了二十多里路，才赶到焦山大队。

一到焦山大队，屠呦呦就请大队提供了一份曾经用青蒿治愈过疟疾的人员名单，然后从中抽查了20多人。屠呦呦亲自和村民们一对一谈话，细细询问生病时的情景，怎样用青蒿治疗等，各种病例和数据记了小半本笔记本。

结束调查后，屠呦呦特意亲手采摘了当地生长的青蒿，又步行回到高邮县城，当天就坐车返回扬州，然后辗转回京用青蒿做实验。

遗憾的是，当时的实验并不成功，但青蒿却被屠呦呦牢牢记在了心里。

正因为传承自中医的有关青蒿治疟疾的知识，以及大量实地调查，了解到的民间利用青蒿治疗疟疾的实打实的事例，让屠呦呦在研究胡椒失败后，把青蒿作为重点关注对象之一。

但因为青蒿太过寻常，药厂甚至不收新鲜青蒿，所以屠呦呦为了研究，闹出了去菜市场买青蒿的一幕。

🔬 呦呦心法

要做好一件事，要亲临现场，或者尽最大的可能接近现场。

|第十九章|

《肘后备急方》，穷人家的救命宝典

青蒿作为一种中药进入了屠呦呦的视野，但多次的实验效果不佳，结果也不确定。

虽然排除了青蒿（Artemisia annuaL.）之外的邪蒿、猪毛蒿、茵陈蒿、牡蒿、南牡蒿这5个混乱品种的原植物，但屠呦呦和她的团队进行了数百次实验，青蒿抗疟的效果非常不稳定，效果最好时也只有40%左右。

面对这样的数据，有的专家认为，中医古方里记载的青蒿可以治疟疾，根本是假的，甚至有可能是记错了药物。

这很有可能。在古方中，青蒿有十多种名称，如蒿子、臭蒿、香蒿、苦蒿、臭青蒿、香青蒿、细叶蒿、细青蒿、草青蒿、草蒿子、方溃、三庚草等，像"方溃"这种名字，在普通人眼里看来，和现代的青蒿八竿子打不着。

在对植物并没有科学分类的古代，很有可能古中医所说的青蒿，并不是现代人熟知的青蒿。

这一天，屠呦呦和同事们在实验室里待了很久很久，一次又一次反复地制剂、提取、灌药、取血、观察……可是依然是失败连着失败。

夜深人静，实验室里独留屠呦呦一人，身心皆疲的她呆呆地看着少量切碎的青蒿静静思索着：难道说，自己将青蒿视为抗疟研究新方向是错的？

可是，中医药典籍中，很多大名鼎鼎的神医，都在治疟药方中屡屡提及青蒿啊，如东晋葛洪的《肘后备急方》、宋《圣济总录》、元《丹溪心法》和明《普济方》等著作均有记载。

难道说，真像社会上一些诋毁中医的人所说，中医只是胡乱摘些草药，然后偶然蒙对治好了病，所谓的古药方，全是骗人的？

不，一定是自己没有找对方法！

中医是悠久的中华文明的一颗明珠，数千年来，正是中医、中草药拯救了无数华夏儿女的生命，无数行之有效的药方再好不过地证明了这一点。

当西方的理发师用刮脸刀给人放血作为专业治疗方法时，中医已经制成了专门的药剂，在神州大地上救人无数了。

自己一定是遗漏了什么，做错了什么，这才没有提取出青蒿中真正有效的成分。

屠呦呦深吸一口气，平静下心情，将视线投向案头厚厚的一叠古医书，那是她智慧的源泉，要解开青蒿之谜，还得从这里找。如果看一遍找不到，那就看两遍、三遍——一直到从那惜字如金的古书中，找到先人的指引！

屠呦呦翻开了一本本古籍，闻着墨香，细细翻看起来，她是如此沉静而虔诚，似乎通过一页页发黄的古书，透过一张张古方，看到了一个个古代中医大家亲切的脸，他们正向她传达着共同的心声：医者父母心，悬壶济世，乃大善大德。

一本又一本古书翻看后放到了一边，屠呦呦一直没有找到她想要的答案，这时，她的手摸到了一套古书，这套古书共有 8 本，入手颇为熟悉，正是东晋葛洪所著的《肘后备急方》。

所有学习中医的人，对葛洪都非常尊重，因为他是中医的奠基人之一。葛洪是东晋人士，自幼十分好学，沉着稳重，从不与别人嬉戏贪玩，经常写字、抄书直到深夜。13 岁时，他父亲去世，家境败落，十分贫苦，就靠上山砍柴换取文具，用来学习。

《肘后备急方》是葛洪摘录了他自己所著的共有 100 卷的医书《玉函方》的精要而得的小集子，之所以取这个书名，就是意味着这本书"可以放在手肘后面，带在身边，随时拿出来救急使用"。

书中摘录了可供急救医疗、实用有效的单验方及简要灸法，称得上是我国第一部临床急救手册。

更难能可贵的是，葛洪在书中用浅显易懂的语言，清晰明确地注明了各种灸法、药方的使用方法，就算是普通人，也能照着书中记载的方法治病救人。

《肘后备急方》问世以来，成了古代中国穷乡远地、找不到医生、抓不到成药的穷人家的宝贝，每个学中医的学生都要熟练地背诵《肘后备急方》才可以替人看病。

屠呦呦抚摸着《肘后备急方》的封面，她对葛洪格外有一分亲切感，因为她至今还记得小时候父亲对自己讲的葛洪的故事。葛洪曾经在她的家乡宁波北仑灵峰山，采药制丹，救活了无数病人，说起来，两人还是跨越了1700多年时光的老乡。

不过，更让屠呦呦敬佩的是，身为古人的葛洪，思想却非常先进，他的很多中医理论一点不比现代医学思想落后！

在《肘后备急方》中，葛洪记下了天花的症状、危险性和传染方式，是世界上最早有关天花的记载；书中对结核病进行了详细的描述，指出有肠结核、骨关节结核等多种形态，更发现了结核病"死后复传及旁人"的特性；指出恙虫病、疥虫病是由寄生虫引起的。

更令人震惊的是，葛洪明确提出了"疠气"的概念，根据当时百姓患的一些流行病、传染病，摒弃了"鬼神作祟"

的说法。这种科学的认识方法，可谓独步天下，十分有见地。

回想葛洪先贤，她一阵阵神往，葛洪啊葛洪，你在《肘后备急方》中又给后人留下了怎样的宝贝呢？关于治疗疟疾的记载是否可以古为今用？

🔬 **呦呦心法**

迷茫时，请你阅读、阅读、再阅读。书中有一切答案。

▌第二十章▌

"活见鬼"古方里的神奇冷水

屠呦呦缓缓翻开了古书。

《肘后备急方》共有 8 卷 70 篇，后来在梁代时，由陶弘景增补录方 101 篇，金代时，又由杨用道摘取《证类本草》中的单方作为附方。这其中，有一本《肘后备急方·治寒热诸疟方》是专治疟疾的。

葛洪记录的一个又一个方子，从屠呦呦视线下掠过，不知不觉中，屠呦呦轻叹了口气，葛洪很伟大，但是，他毕竟也有古人的局限性，在他收集的治疗疟疾方子中，有一些实在是可以用"荒诞"两字来形容。

内有一方，"鼠妇虫子四枚各一，以饴糖裹之，丸服"。

或者，"用桃仁一百个，去皮尖，于乳钵中细研成膏，不得犯生水，候成膏，入黄丹三钱，丸如梧子大。每服三丸，当发日，面北用温酒吞下"。

用蜘蛛、虫子、桃仁治疗疟疾还不是最夸张的，最荒唐的治疗疟疾方式是"头向南卧，五心及额舌七处，闭气书'鬼'字"。

好家伙，在手心脚心等处写七个"鬼"字，就能治好疟疾——那才是真正的活见鬼了！

虽然说《肘后备急方》中的一些古方，只是葛洪从民间访录而来，并没有经过自己的亲手验证，有些治疗疟疾的药方，只能用"胡说八道"来形容。

当然，这并不能完全责怪葛洪，这就是古人科学研究的局限性啊。

屠呦呦轻轻摇了摇头，刚要放下手里的《肘后备急方》，突然眼角一跳，她在古方里，看到了两个熟悉的字——青蒿！

《肘后备急方》，治寒热诸疟方第十六。又方：**青蒿一握 以水二升渍 绞取汁 尽服之**

前前后后，共 15 个字！

中间连个标点符号都没有。

这就是中医古方的一大特点，越是古老的方子，字句越少，越是简单。

可这 15 个字的药方后面，却关系着千百万人的生命！

青蒿，这是葛洪明确在《肘后备急方》里提到治疗疟疾的药物。

其他的药物也有记载，如常山、巴豆、知母、甘草，但是这些药物，不是有着繁杂的炮制方法，就是需要和别的药物一同煎煮。

只有青蒿，唯独青蒿，不与其他药物混杂，清清爽爽，简简单单，只用清水一泡，就能服用。

这也太简单了！

可正是这简简单单的 15 个字，牢牢地牵住了屠呦呦的视线！

大道至简！

真正的好药物，并不需要太过复杂的处理，就能治病救人，比如人参，危急关头，根本不需要煎煮，生切一片，含在舌下，就能吊命！

葛洪如此郑重地记下青蒿，那一定有他的道理！

但是这"道"，究竟在何处？

青蒿一握 以水二升渍 绞取汁 尽服之

屠呦呦看了一遍又一遍，15 个字，3 个段落，分别讲述了药材、制药方法和服用方式。非常简单，一目了然。

青蒿一握——青蒿，屠呦呦手里有，"一握"虽然没有确切的数量，但用手抓一把就差不多了。

以水二升渍——渍，就是浸泡，中药材在煎煮前需要经过浸泡也是一个常识。

因为中药材多数经过了晾晒，用水充分浸泡后，再煎煮，能让药效更好地发挥。中药店里抓药，老师傅都会细细嘱咐病人，煎药前多泡一泡。

绞取汁。尽服之。这更简单了，就是将青蒿绞出汁，全都喝光。

太简单了，真的太简单了。简单得屠呦呦不敢相信，如果治疗疟疾真的这样简单，那还需要全中国甚至全世界的医生年复一年地花费海量的资金和人力、时间研究吗?

自己一定遗漏了什么!

屠呦呦将 15 个字看了又看，恨不得将它们从书上剥落下来，生吞下肚，将每一个字细细消化、领悟。

突然，她的眼睛一亮!

"以水二升渍"!

葛洪在提到别的治疗疟疾药物时，总是要煎，要煮，可是对青蒿，只提了渍，丝毫没提煮!

一浸，一煮。

一寒，一温。

浸是冷水，煮是热水。

在寻常人眼中，中药就是要用小炉子慢慢煮的，煮得药香四散，一包中药熬成了又苦又黑的汤汁，才可以下肚，煮的火候不够，还会影响药效，所以有的药店还帮病人代为煮药，就是怕病人自己处理不好药物，失去了疗效。

煮，也就是加热处理，成了人们习以为常的对中药的处理、服用方式。

可是，葛洪偏偏对青蒿用了个"渍"字，这是什么意思？这是"冷处理"啊！

难道说，用惯用的加热方式，会破坏青蒿中的有效成分，所以，一定要用冷水浸泡吗？

一道灵光，在屠呦呦脑海中闪过——低温处理，是保持青蒿药效的关键！

在那一刻，她似乎看到，1700多年前的葛洪，透过《肘后备急方》正抚须向自己微笑！

 **呦呦心法**

灵光一闪时，就是上天的启示，一定要抓住那个闪念。

‖第二十一章‖

美味"老酒"的神奇作用

屠呦呦灵光一闪，从葛洪的《肘后备急方》里，领悟到了"低温处理"这一打开青蒿治疟疾研究的钥匙。但是，这把钥匙灵不灵，却还要靠实践的验证。

科学造福了人类，但是科学也是个很小气的公主，她只把真正的宝藏留给最有毅力、最坚忍不拔的勇者。

屠呦呦立刻带领其他的专家，对青蒿低温处理开展了实验。

实验一开始，并不顺利。

用冷水浸泡青蒿获得的提取物，在屠呦呦同事们进行动物实验后，抗疟原虫效果并不理想。

但屠呦呦并没有气馁，继续开展实验。

她考虑，是否因为青蒿种类的不同，影响到了实验效果。于是她亲自来到野外采集青蒿，先后找到了 6 种不同种类的青蒿，然后一一进行冷水浸泡。

实验结果依然让人失望。

正如屠呦呦判断的，不同种类的青蒿，含有的抗疟原虫成分也各不相同，有的高，有的低，但是，无论高低，都没有明显的治疗效果。

屠呦呦依然没有放弃。

青蒿种类不同会影响抗疟原虫效果，那么，同一种类的青蒿的不同部位，会不会也影响效果？

屠呦呦细心地将青蒿的枝、叶、根一一分开，再次进行实验。

这一次，她的眼睛一亮。有成果了！从青蒿的叶子得到的提取物，比枝和根有更显著的抗疟原虫效果！

但是，这小小成果并没有让屠呦呦兴奋多长时间，因为青蒿叶子中的提取物抗疟原虫效果总体依然低于胡椒、常山等药物。

屠呦呦似乎看到寄生在红血球里的疟原虫正在嘲笑自己，嘲笑自己正在走一条歪路，嘲笑数千年来中医并没有消灭疟疾，那现在的屠呦呦更不可能战胜它们。

面对一次又一次的失败，屠呦呦没有沮丧，没有埋怨，没有愤怒，她只是静静地思考着。她坚信，"冷处理法"是一个正确的研究思路，但是，冷水看起来并不是一个好的制取媒介。

冷处理、冷处理，想来浸泡青蒿的媒介沸点越低，效果应该就越好。

水的沸点是 100℃，有没有比水沸点更低的液体？

屠呦呦的视线扫过了实验室常备的一种液体——酒精！

酒精学名乙醇，沸点是 78.3℃！

在中医中药中，酒精是经常用到的一种药剂，很多中药需要用酒浸泡，或者用酒服用。民间有用老酒泡蛇、蜈蚣、蝎子作中药的传统。

屠呦呦轻轻摇了摇头，自己怎么就没想到用酒精浸泡一下青蒿呢？

屠呦呦立刻决定，用酒精代替冷水，对青蒿进行冷处理。

屠呦呦精心设计了新的实验环节：先把青蒿去根去枝，只留叶子，放到大水缸中，用冷水浸泡；然后，取出经过充分浸泡的叶子，包裹成团，再用酒精，浸泡 6 个小时以上。然后绞汁，最后得到提取物。

在屠呦呦潜心开展新实验的那段时间里，中医研究院的实验室里飘着浓浓的"酒香"，甚至屠呦呦等专家身上也染上了怎么也清理不掉的"酒味"，每个人的脸都是红红的，那是被酒精给熏的。

中医研究院满院子的酒香味，并不是庆祝成功的庆功酒，因为，采用酒精替代冷水获得的提取物，抗疟效果依然不稳定，就如同一个酒醉的汉子，走起路来忽高忽低，似乎在故意戏耍屠呦呦。

屠呦呦在实验本上，纪录下了一次又一次结果：

"青蒿成株叶制成水煎浸膏，95% 乙醇浸膏，挥发油无效。"

"乙醇冷浸，控制温度低于 60℃，鼠疟效价提高，温度过高则无效。"

无效，无效，无效，这两个字一次又一次出现在屠呦呦的实验本上，数十次，上百次，如同两块坚冰，一次又一次击打着屠呦呦。

但屠呦呦并没有屈服，更没有后退，每一次失败后，她只是冷静地开始准备下一次实验。

屡战屡败。

屡败屡战！

🔬 呦呦心法

不要惧怕黎明前的看似浓不可破的黑暗，它是光明之母。

▋第二十二章▋

190 次的失败和第 191 次的成功

1971 年，10 月 4 日。

这是北京一个普通的深秋日子，天气已经转冷，长安街上落叶满地。

屠呦呦走进了实验室，和同事们打过招呼，换上白大褂，开始新一天的又一次实验。

屠呦呦取过实验本，记下了这次实验的编号，191 号。

这三个数字，意味着自从屠呦呦研究青蒿以来，已经和同事们一起开展了 190 次实验，但也经历了 190 次失败！

一次又一次失败，如果降临在普通人身上，意志早就已经垮了，但个子并不高的屠呦呦体内，却似乎有着一条看不见的铁打的脊梁，支撑着她，一步一个脚印，在科学的漫漫长路上跋涉。

屠呦呦照例将青蒿叶子放在水缸内冷浸，但是这一次实验跟前几次不一样，她用于浸泡的液体不是冷水，也不是酒精乙醇，而是——乙醚。

乙醚是一种医疗上常用的麻醉剂，屠呦呦之所以用它替代冷水和乙醇，是因为它的沸点只有34.6℃。

经过耗时又繁杂的十几个实验环节，屠呦呦利用乙醚从青蒿叶子里提取了一种黑色、膏状的提取物——这就是之前实验发现的青蒿乙醚提取物中杀灭疟原虫比较有效的中性部分，其中无效且毒性大的酸性部分已经用碱溶液去除。

接下来是动物实验。

屠呦呦看着助手小心地抓过一只小白鼠，这小白鼠体内早就已经注射过疟原虫，可怜的小家伙正在发烧，红红的小眼睛无精打采的，就算是将它抓在手里，也无力挣扎。

助手取过灌胃针筒，塞到了小白鼠的嘴里，将黑膏缓缓灌进了它的胃里。

这可不是科学家在折磨小白鼠，利用乙醚从青蒿里提取出来的黑膏并不溶于水，没法用注射的方式给药，为了将黑膏顺利打入小白鼠体内，只好用这样土里土气灌胃的方式。

一只又一只小白鼠在灌胃后，被放入了笼中。

这样连续三天灌药，再等待 24 小时后，才能获得新的提取物与疟原虫战斗的结果。

课题组成员们经常查看笼子里的小白鼠，不知为何，他们觉得这次实验的小白鼠明显要比以前的实验对象活跃。不过说起来，这小白鼠也当得起抗疟疾的无名英雄，正是通过无数小白鼠的牺牲才积累了一个又一个宝贵的数据。

屠呦呦课题组开展的药物实验需要大量的小动物进行测试，不仅有小白鼠，还有猫、狗、兔子和猴子。课题组专门准备了一个小房间，用来喂养这些小家伙们。它们承担了很多对人类来说很危险的初期药物实验。

连续灌药三天后，又过了 24 小时，验证提取物效果的重要时刻到来了！负责动物实验的助手抓过一只小白鼠，提取了它的血样，做了显微镜涂片，来观察疟原虫抑制及转阴情况。玻璃涂片被放到了显微镜下——小白鼠体内，已经感染了疟原虫，通过观察血样，就能知道，新的提取物和疟原虫之间的战争，是谁胜谁败了。

突然，助手发出了一声又惊又喜的叫声！在一旁焦虑等待的屠呦呦走上前去，把眼睛凑到了显微镜前。

有那么一刹那，屠呦呦觉得自己看花了眼——她茫然地将头从显微镜上抬起，摘下眼镜，揉了揉眼睛，又调整了一下显微镜，再一次戴上眼镜，贴到了显微镜的目镜上。

屠呦呦的呼吸顿住了！

她甚至觉得，自己的心脏也停止了跳动！

显微镜下的红血球内，看不到一只疟原虫！

小小的一滴水里，就有成千上万个疟原虫，它们是最微小也是最可怕的军团，通过蚊子比针尖还细的嘴巴，进入人体后，就可以将一个一百多斤的壮汉击倒，甚至毙命。

可是，现在，在显微镜下，这支人类有史以来遇上过的最可怕的疾病军团，却已经完全消失在血样内！

这证明，所有的疟原虫，都已经死了！

这不可能！

在屠呦呦以前的无数次实验中，疟原虫是最顽固的对手，再出色的药物或者中药提取物，都不可能完全杀死疟原虫。

在显微镜下的血滴样本中，总有些疟原虫钻在红血球内，嘲笑屠呦呦的又一次失败。

可是这一次，屠呦呦看了一遍又一遍，想从显微镜目镜下的载玻片上的边边角角，找到个别依然存在的疟原虫。

然而，没有！没有！依然没有！

小小的一滴血，在显微镜中就是个巨大的湖泊，可现在，这个湖泊干干净净！

疟原虫死亡率，100%！

从 1969 年 1 月到 1971 年 10 月 4 日，屠呦呦和同事们从数千种中药中，选中了 200 多种抗疟中药，筛查了380 种提取物，光数据卡片就有厚厚的 2000 多张，最后，终于在青蒿冷浸法的第 191 次实验中获得了成功！

屠呦呦，握住了真正的治疗疟疾的钥匙！

人类第一次，离征服疟疾这个死神是如此之近！

屠呦呦和同事们立刻兴奋地进行了多次实验，连续三天，给小白鼠口服 1.0 克 / 每公斤体重的黑膏体，在显微镜下，疟原虫的抑制率达到 100%！

经再三确认，实验结果是正确的，没有任何失误的环节干扰实验数据。

整个实验室响起了发自内心的最激动的欢呼声！

更大型的动物实验立刻进行。

从 1971 年 12 月 13 日到 1972 年 1 月，一批猴子进行了服药实验，不起眼的黑膏体再次大获成功。

1000 多个日日夜夜，一次又一次单调乏味的实验，现在，终于看到了黎明到来的曙光！

屠呦呦将利用乙醚从青蒿里提取出来的并不起眼的黑色膏体，临时取了个朴素的代号——191 号。

 **呦呦心法**

感到再也无法坚持下去时，请再坚持一下。

▊第二十三章▊

腌菜的大水缸和突发的肝病

191 号问世后，屠呦呦决定甩开膀子大干。

数日后，一阵喧哗声打破了中医研究院日常宁静平和的学术研究气氛，几辆载着六七口大水缸的胶皮大车开进了研究院的大门。

人们一阵好奇，中医研究院的专家们经常拉来各种奇奇怪怪的东西用以研究，比如晒干的各种植物啊，不知名的野兽骨头啊，甚至是活的爬虫啊，这次拉来大水缸又有什么用？

难道说，是用来接雨水的？北京干旱缺水，时值新中国建立初期，基础设施相对落后，自来水并没有通入千家万户，的确有不少市民买来大水缸，放在露天用来接雨水家用。

又或者说，是用来腌菜的？北方到了冬季，老百姓吃不到新鲜的蔬菜，就常常用大白菜做腌菜吃，这样的大水缸倒是常用的腌菜缸。

然而，无论是集雨水还是腌菜，这一车车拉来的大水缸，未免也太多了一点。

这时，中医研究院的门楼里，快步走出一个不高的身影，那正是屠呦呦，她和同事们一起，将一个个大水缸搬进了实验室。

原来，这水缸是用来做实验的！

这可够新鲜，只见过中医专家用瓶瓶罐罐做实验器具的，还真没人见过用这样大的水缸的。

屠呦呦并没有关注到实验室外人们好奇的议论声，她正和同事们一起，将一捧捧不同种类的青蒿放入大水缸中。

原来，北京原产的青蒿中 191 号含量较低，只有万分之几，为了获得更多的 191 号开展实验，原本实验室常用的小瓶子们就不够用了。于是屠呦呦灵机一动，干脆从市场上买来了成排的大水缸作为容器，用来做实验。

这才出现了中医研究院门口胶皮大车送大水缸的一幕。

然而，正在屠呦呦和她的同事们为提取更多的 191 号而奋斗时，她病倒了。

她得了中毒性肝炎。

导致屠呦呦得病的，正是实验室里那一口口大缸里散发着酒香的乙醇和有着特殊甜香味的乙醚。

乙醇是美酒之源，可以醉人；乙醚是手术用的麻醉剂，可以救人，这两种药剂都是好东西，可是，好东西太多，也会害人。

青蒿体内的黑膏体提取成功后，给了屠呦呦极大的鼓舞。她在短时间内，通宵苦干，提取了 2 公斤的黑膏体，并且完成了急性毒性实验。

但正是因为屠呦呦天天近距离与一口口大水缸里的乙醇、乙醚接触，待在通风不畅的实验室里，不知不觉间，身体吸收了超量的化学药剂，以至于患上了肝炎。

屠呦呦这次真的着急了。并不是因为疾病的来势汹汹，而是因为宝贵的时间被耽搁了——她知道，自己虽然找到了 191 号这把治疗疟疾的钥匙，但是离真正治疗疟疾还有相当远的路要走，191 号能不能适用于人体，有没有毒副作用，还依然是未知数。

来自青蒿的粗提取物的名字——191 号，就好像是一个婴儿的小名，它还没有大名，还不是一个足以和病魔斗争的壮汉。从哇哇啼哭的孩子，到勇胜疟原虫的战士，无论是屠呦呦，还是 191 号，依然还要翻越更高的险峰，跨越布满更多荆棘的征程！

屠呦呦病好以后，不顾家人和单位负责人的劝说，立刻投入到了更高强度的青蒿研究之中。

如果说，在没有发现 191 号青蒿粗提取物之前，屠呦呦能静下心来，重复而又单调地对数百种中药进行一次又一次没有头绪的实验的话，在 191 号问世后，她反而一反往常的沉稳，着急起来，强行给自己施加压力，加快了实验进度。

屠呦呦不是为自己急，而是为人民急，为深受疟疾所害的千家万户急，为倒在病床上痛苦挣扎的病人急！

必须以最快的速度，将青蒿粗提取物制成有效的方便口服的片丸，送入医院，送入千家万户，普通百姓就是不需要经过培训也能够自行在家里服药。

这些成药一定要药性稳定，更需要能够方便地长久保存。

这些药，从冰天雪地的东北，到温热潮湿的海南，通过火车、汽车、飞机、船运甚至人力运输，送到疟疾病人身边时，都能保持一样的疗效。

屠呦呦似乎看到一个个在床头垂死挣扎的重度疟疾患者，在无声地向自己呼唤，呼唤救命的灵药，早一天送到他们身边——不，早一天都不够，哪怕是早一小时，早一分，早一秒，191 号都能救更多人的生命！

一万年太久，只争朝夕！

屠呦呦强撑着初愈的病体，投入到与疟疾病魔争夺生命的新一轮赛跑中。

1972 年 3 月 8 日，523 办公室召集所有参与单位，在南京召开了全国抗疟疾药物研究会。

屠呦呦在会上当众汇报了青蒿乙醚提取物的研究成果——《毛泽东思想指导发掘抗疟疾中草药工作》，在这篇报告中，屠呦呦并没有提自己的名字，也没有提是自己突破性地用低温处理法提取出了191号，而是将191号视为集体的财富。

191号得到了与会者的重视，但是，当时还有其他很多单位在研究抗疟药，已筛选了4万多种抗疟疾的化合物和中草药，所以，屠呦呦的低温处理法和191号并没有立刻得到全国推广。

有关部门要求屠呦呦继续研究，力争从191号中提取真正的有效药物成分，进而制成成药。

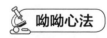 **呦呦心法**

成功是个等式，需要你付出宝贵的东西去交换。

▌第二十四章▐

良药还是毒药，请用我的身体试验

1972 年 7 月，北京，东直门医院。

屠呦呦穿着一身蓝白相间的病号服、拖鞋，缓缓向病房走去。

东直门医院是北京中医药大学的附属医院，里面的医生和护士都认识屠呦呦，知道她为了研制青蒿中提取的抗疟有效成分 191 号曾经病倒住院，难道说，这一次屠呦呦又是因为在实验室劳累过度病倒了？

不可能啊。

大家早就听说了，屠呦呦发现的 191 号，已经成功进行了从老鼠、猫、狗到猴子的多轮动物实验，现在正应该是庆功的时候，屠呦呦怎么又病倒了？

医护人员互相打听着，渐渐的，一个四个字的名词，在人们口中流传开来，每个说到这个词的医护人员，再看向屠呦呦时，无不肃然起敬。

这四个字就是"以身试药"！

青蒿提取物 191 号动物实验大获成功后，接下来，就是临床实验了。

根据以往的新药人体实验流程，一般会在已经感染的病人中寻找志愿者，然后，在双盲的条件下进行药物实验。

所谓的双盲，就是测试者和被测试者都不知道服用的药物是真正的药，还是毫无有效成分的安慰剂；分析者在分析资料时，通常也不知道正在分析的资料属于哪一组，这样才能真正检验药物的疗效。

然而，当青蒿提取物 191 号走到这关键一步时，屠呦呦却皱起了眉头，一反常态地忧心忡忡。

屠呦呦失态的原因，依然是时间！

太耽误时间了！

如今已经是 1972 年的年中了，而疟疾的高发期却是在每年的夏季，如果按照流程经过层层申请报告，征集参与双盲人体实验的志愿者，等到人体实验成功，再大规模制药，等药品发送到病人手里，前前后后几乎要浪费整整一年的时间！

这一年内，会有多少疟疾病人痛苦不堪，甚至病重而亡？！

不！屠呦呦绝对不允许这样的事情发生！

青蒿提取物 191 号一定要赢得这场与疟原虫死神的赛跑！

"我请求用自己的身体，进行人体实验。"屠呦呦找到了中医研究院的领导，镇定地说出了石破天惊的一句话："我是组长，有责任第一个试药。"

听到这个消息的人们，全都惊呆了，他们纷纷劝说屠呦呦：青蒿提取物 191 号虽然经过小白鼠和猴子的药物实验，没有毒副作用的反应，但并不能充分证明对人体是无害的。

毕竟人与动物还是有很大的差异，医药发展历史上，曾经多次出现过尽管动物实验安全而人体实验却导致毙命的惨痛事例。

中医研究院的领导和同事的担忧，并不是空穴来风。

青蒿提取物 191 号问世后，在其中一次动物实验中，曾发现其中一只用于实验的猴子出现过短暂的转氨酶升高的现象。

转氨酶，是生物体代谢过程中必不可少的"催化剂"，主要存在于肝细胞内。

当肝细胞发生炎症、坏死、中毒等，造成肝细胞受损时，转氨酶便会释放到血液里，出现转氨酶升高的现象。

换句话说，就是实验动物的肝脏受损！

有人认为，这说明青蒿提取物 191 号有毒性，就算是能治好疟疾，也会伤害病人的肝脏，这哪是什么良药，分明是毒药！

这样的药，绝对不能给病人吃！

然而，屠呦呦却对青蒿提取物 191 号有着充足的信心，她据理力争：转氨酶是种非常"敏感"的化学元素，很多因素会引起转氨酶正常值的上下波动。

健康人在一天之内的不同时间检查，转氨酶测量结果都可能不一样。不能仅仅因为一次转氨酶的异常波动，就将青蒿提取物 191 号打入冷宫。

然而，激烈的争论依然没有一个结果——青蒿提取物 191 号是否绝对安全？转氨酶升高仅仅是实验对象的偶然波动，还是青蒿提取物 191 号存在缺陷？

很多同事劝屠呦呦再等等，再等几个月，等疟疾高发时，一定会有处于生死一线的重度疟疾患者前来做志愿者。

对这些病人来说，只要有一丝希望，都值得拿自己的生命和疟原虫搏一把。

可是屠呦呦你是一个健康人，是中医研究院的科研骨干，担任着研发抗疟药物的重任，你怎么能拿自己的生命冒险呢？

很有可能，当屠呦呦你经历了人体实验，从病房里出来时，肝脏已经受到了不可逆转的伤害！

然而，屠呦呦已经等不下去了，再耽误下去，因疟疾而死的人会更多，更重要的是，在她心里，病人和医者的生命是相同的，没有高低贵贱之分，病人可以试药，那我也能！

而且，我是课题组组长，我要为191号这个"孩子"负责，所以，我来当第一个人体实验对象，再合适没有了。

屠呦呦一次又一次向领导恳求以身试药，一次又一次向同事们述说自己对191号有着充足的信心——191号绝对是无毒的！191号绝对不会伤害自己的身体！

遍翻中医古籍，历代名家，从来没有一个人说过青蒿有毒！

屠呦呦相信中医，相信自己，191号如同自己的又一个女儿，她对它的药性了如指掌。

青蒿提取物191号，只会救人，绝对不会害人！

在屠呦呦的感召下，中医研究院又有两名专家郎林福、岳凤先挺身而出，主动申请，用自己的身体来做人体实验。

中医研究院的领导，终于同意了屠呦呦、郎林福、岳凤先三人进行"探路试服"的申请报告。

1972年7月，身着病号服出现在东直门医院走廊里的屠呦呦，走向的，正是即将开展人体实验的病房。

那一刻，屠呦呦的神情一如往常的沉静、淡泊，似乎即将进行的不是一次事关生死的人体实验，而只是服用一粒普通的防疫小糖丸。

中医院的专家们为了推广各种各样的防病治病药方，特意给孩子们研制过外包糖衣的药丸，这样的小糖丸，可受孩子们欢迎了，当作美味的零食争相服用。

屠呦呦的身边，并没有丈夫、女儿的陪伴——因为，她根本没有告诉自己的亲人，自己将经历一次生死的考验。

屠呦呦只是对丈夫李廷钊淡淡地提到一句——最近工作忙，要在医院里开展一项实验，这段时间就不回家了。

屠呦呦为了研究青蒿提取物 191 号，不回家是常有的事，丈夫李廷钊并没有放在心上，只是叮嘱她一定要按时吃饭、休息，他根本没想到，心爱的妻子所说的"实验"，是拿自己柔弱的身体来冒险！

屠呦呦头也不回地推开了病房门，她纤弱的背影映在目送她的领导、同事眼中，人们看到的，不是一个走进人体实验隔离病房的女子，而是一位走向医学祭坛的圣人。

这医学的祭坛，曾经走上过为炎黄子孙尝百草的神农；曾经走上过为著《本草纲目》以身试药的李时珍；曾经走上过为验证霍乱暴发的原因，当着学生们的面一口喝下含有霍乱弧菌样品的实验卫生学开山鼻祖马克斯·冯·佩腾科费尔；曾经走上过为治疗小儿麻痹症，在自己身上注射疫苗的乔纳斯·索尔克……

舍己救人，造福万民，古往今来，无数仁人志士曾经走上这个医学祭坛，为救治生命，鞠躬尽瘁、死而后已。

屠呦呦，不是第一个，也不会是最后一个！

病房的门，缓缓掩上了。

黑膏状的青蒿提取物 191 号，放到了屠呦呦手里，屠呦呦没有丝毫迟疑，一口吞服了下去。

屠呦呦一边服药，一边默默记录下了相关数据：

青蒿提取物 191 号，剂量从 0.35g 开始，依次递增至 0.5g、1g、2g、3g、4g、5g。每日服一次，连服 7 天。

服药前中后，分别进行心电、肝功能、肾功能、胸透、血常规、尿常规、粪常规的检查。

服药后，血、尿正常，肾功能正常，尿素氮正常，胸透、心电图在服药期间和服药后均正常，血压无明显变化，视野对照变化不大，体温、脉搏正常，未发现呼吸系统、泌尿系统、中枢神经系统方面的异常症状。

正常、无变化、未发现——一个个鼓舞人心的结论被记录了下来。

这样齐全的资料，就是通过志愿者做人体实验，也不一定能得到。

因为当时的很多疟疾患者，是大字不认得多少的农民，让他们用科学、准确的专业术语来描述自己服药后的体验，是件非常困难的事。有的志愿者还会因为害怕实验，造成生理、心理的波动，从而影响实验的数据。

但屠呦呦和同事们并没有这方面的过激反应，他们身为医药工作者，有着冷静和多年从事科学研究的经验，对身体体验的描述，都是非常精确的。

通过他们三人的实验采集到的数据和信息，比十多名普通病人志愿者还有效，还精准！

这一段段分析报告，是屠呦呦们冒着生命的危险换来的最准确的第一手资料！

人体实验非常成功！

数日后，屠呦呦安然地从病房里走了出来，迎接她的，是人们发自内心的热烈掌声——青蒿提取物 191 号人体实验，获得完全的成功！

此后不久，科研组又组织了第二次"探路试服"，这一次，有章国镇、严述常、潘恒杰、赵爱华、方文贤等五位同事志愿报名，此次试服，加大了药物剂量。试验再次成功！

191 号无毒，高效！

青蒿提取物 191 号，正如屠呦呦事先判断的，是一种无毒、无副作用的抗疟良药！

🔬 **呦呦心法**

当你愿意交付包括生命在内的一切时，真理之门才会向你开启。

▌第二十五章▐

海南疫区，带来"大杀器"的女医生

1972 年 9 月。

疟疾泛滥的海南昌江疫区。

一户农民家中，外面正下着雨，瓦片屋顶有些漏水，一滴滴雨水落到了屋内地面，被一个木桶接住。

在这个破败的家中，竹板床上，一个病人正在呻吟着，他的身边，陪伴着一位身穿白大褂的女医生，她小心翼翼端着一勺子药，喂到了病人口中，轻声安慰着："大叔，你放心，吃了我带来的药，你的疟疾很快就会被治好的。"

这位正在亲手给病人喂药的女医生，正是屠呦呦。

原来，屠呦呦和同事们带着实验室紧急赶制出来的一批 191 号，来到了疫疾泛滥的海南昌江疫区，与正在那里开展调查研究的针灸研究所临床医疗队一起，进行正式临床实验。

屠呦呦在山区已经工作一个多月了，她于 1972 年 8 月到海南后，就和同事们到处寻找疟疾病人——临床实验并不是随便找几个病人，喂他们吃下青蒿素这样简单。

为了收集到最准确的数据，屠呦呦需要寻找患间日疟、恶性疟和混合感染疟疾等不同类型疟疾的病人，同时，还得在免疫力较强的本地人和缺少免疫力的外来人口之间反复实验，自然，更少不了喂服不同剂量 191 号来进行药效比对。

屠呦呦和同事们，为了找"合格"的病人，冒着汗湿衣背的高温，深入重重大山和一处处海岛——这是 191 号的初次临床实验，必须慎之又慎，来不得半点马虎。为了掌握第一手精确的数字，屠呦呦干脆就在病人简陋的家中住了下来，吃住全和病人在一起。

屠呦呦在给病人喂好药后，就在床边守候，准备好了体温计，定时给病人测量体温。屠呦呦以自己亲身试药的经验，一手拟定了 191 号用药剂量、病患筛选等条件，既要收集到最有效的数据，又要避免给病人带来不必要的痛苦。

一小时，两小时，三小时——屠呦呦守在病人身边，不时帮他擦着汗，喂点水，当病人沉沉入睡时，她依然强睁着眼，坐在病床前的小板凳上。

太阳缓缓升起，一夜过去了，病人清醒了过来，他呼吸平稳，高热尽退。屠呦呦采集了病人的血样，立刻进行了血片检查——太好了，疟原虫消失了！

1972 年 8 月到 10 月，屠呦呦和同事们在海南进行了21 例临床抗疟疗效观察实验，其中治疗间日疟 11 例、恶性疟 9 例、混合感染疟疾 1 例，所有的实验全部成功。

其中几位病人，每日服用 191 号 4 次，每次 3 克，只用了 19.06 小时，就杀灭了体内的疟原虫；就算是免疫力较低的外来人口，平均退热时间也只需要 35.09 小时。

屠呦呦和同事们在撰写临床实验报告时，从北京又传来了好消息：北京 302 医院用中医研究院送去的 191 号进行临床实验 9 例，9 位间日疟病人完全康复。

如此一来，191 号首次临床实验，30 例病人，三种剂量全都有效！

成功了！

但是，屠呦呦并没有就此欣喜多久，她认真地在报告里记下了临床实验时发现的一些突发情况：实验室手工提取的 191 号药物体积过大，不方便病人服用，必须想办法进一步提取其中真正有效的成分，以便后期大规模服用；实验中，再次出现了个别病人呕吐、腹泻等现象，北京302 医院有 2 位病人在服药后，出现转氨酶偏高的现象。不过，这些现象很快就自行消失了，病人的胃肠道、肝、肾功能等没有发现明显异常。

这些突发情况也再次提醒屠呦呦，对 191 号的研究不能满足于已有的成绩，骄傲自满、止步不前是科学研究的大忌。

坐在农家布满了裂缝的旧桌子前，屠呦呦正埋头写着报告，突然听到窗外院子里传来的一阵阵欢笑声。她推开木头窗户一看，只见刚刚被自己治好疟疾的农民，正在与一家人说笑，他的女儿挂在重新恢复健康的爸爸强壮的胳膊上，像只小猴子一样荡着秋千，而旁边的妻子却含笑提醒着女儿小心，毕竟她的爸爸刚刚大病初愈。

屠呦呦突然一阵心酸，因为，看着眼前这一家和乐的场景，她不禁想起了自己的家，自己的两个女儿。

屠呦呦在北京简朴的家，如今已经成了一个空巢。

屠呦呦带队到海南进行临床实验时，她的丈夫李廷钊已经被单位派到云南"五七干校"工作。

孔雀东南飞，牵挂在心中的，并不仅仅是夫妻之情，更重要的是，两只稚嫩的"小鸟儿"可怎么办？

屠呦呦的两个女儿年龄尚小，还离不开爸爸妈妈独立生活。

屠呦呦一心扑在青蒿的研究上，在她心里，最对不起的就是两个女儿。

李廷钊一肩挑起了家庭的重担，两个女儿的吃喝拉撒都由他这个大男人又当爹又当娘地来照顾，早出晚归、以实验室为家的屠呦呦连最心爱的女儿，都难得见上几面。

已经上幼儿园的大女儿，以前很喜欢扑在自己怀里，奶声奶气唱新学的儿歌，可现在，也和自己变得生分了，甚至因为自己经常把她寄放到同事家里，而大声嚷嚷出"讨厌妈妈"这样令屠呦呦伤心的话。

这一次，屠呦呦和李廷钊分赴外地，两个女儿成了孤单的小鸟。屠呦呦一咬牙，恳请托儿所对大女儿进行全托，才2岁的幼女，则千里迢迢送回了宁波老家，从此与父母天各一方。

现在，屠呦呦看到病愈的农户一家的欢闹，不禁想起了自己空空如也的家和各在天涯一端的亲人们：分别在北京、宁波的大女儿李敏和小女儿李军，你们还好吗？吃得饱穿得暖吗？远在云南的丈夫李廷钊，听说你那儿的工作劳动任务非常繁重，你一直写信来叮嘱我注意身体，可是你自己的身体又有谁来照顾？

她尤其挂念远在宁波外公外婆身边的小女儿李军。有一次，屠呦呦好不容易从繁忙的研究工作中抽出一点时间，匆匆从北京赶到宁波看望小女儿。可是，当她在小巷口看到小女儿的身影，拎着行李兴奋地扑过去，想将小女儿紧紧搂在怀里时，换来的却是小女儿李军吓得连退几步，因为她根本认不出这个风尘仆仆的陌生阿姨就是自己日夜思念的妈妈。

要知道，小女儿李军很久才能和母亲屠呦呦见一次面，实在怪不得她认不出亲生的母亲。因为长期与父母分离，李军一度宁肯待在宁波外公外婆身边，也不愿意回到北京和父母一起生活。

屠呦呦站在窗边，不知沉思了多久，悄悄转身，再次回到木桌前，开始修订 191 号报告。

 **呦呦心法**

当小爱为大爱让路时，小爱也得到了升华。

┃第二十六章┃

放弃比皇冠还贵重的荣誉

屠呦呦面前放着一小份米粒一样的晶体，这是从青蒿提取物 191 号中得到的结晶。

屠呦呦在海南疫区时，同事倪慕云带领课题组在北京进行 191 号的纯化和分离工作。屠呦呦一回到北京，也迅速投入到化学研究工作中。从青蒿中得到的有效化学部分——191 号，内部包含着多种成分，其中不少是对治病无效的成分。屠呦呦课题组需要去粗存精，从原本黑膏状的 191 号中，分离出真正有效的物质。

在分离过程中，课题组得到了多种颗粒和结晶体，可以说已经得到了巨大的进步，但屠呦呦的眉头依然紧锁，因为放在自己面前的米粒状晶体，依然不是最有效的抗疟成分。

屠呦呦清楚地记得，因为粗提取的191号剂量太大，内部有效成分过少，在海南实验时，不少病人吞服困难。这样的药，怎么可以在全国大规模推广，给躺在病床上痛苦辗转的病人和在前线英勇战斗的战士们服用呢？

一定要得到最有效的单体结晶！

其实这段时间来，屠呦呦对191号的研究并不是没有收获，她发现如果在青蒿即将开花前采摘，那么叶片中所含的有效成分最为丰富。这项实验的成功也极为重要，因为青蒿这类植物，虽然遍布在中国大地，但是由北向南，青蒿中含有的有效抗疟成分却是逐渐升高的，北京地区的青蒿中，有效成分相比较少，青蒿素的含量只有万分之几；提炼的环节太过复杂，极为花费时间。这项实验的成功，让屠呦呦更能有的放矢，加快青蒿的实验进程。

可是，这些成就还远远不够，虽然每一次发现新的研究成果，都会让实验室爆发出欢呼和掌声，但屠呦呦知道只有找到真正有效的单体，才能使研究具有现代科学水平，也才能为以后用这种有效成分进一步开发成现代药物提供原料。

为了早日得到单体结晶，屠呦呦和同事们想了无数办法——从191号里得到有效的单体结晶，关键在于正确选择吸附剂。

常用的吸附剂有活性炭、氧化铝等，甚至小麦胚粉、脱脂的玉米胚粉、玉米芯碎片、粗麸皮都能用来当吸附剂，191号的溶液通过这些多孔状物体过滤，提吸取有效成分，然后结晶，获得的物质就是纯度最高的药物。

但是，常用的吸附剂只提取到了米粒状和片状晶体，一直没有产生屠呦呦最期待的针状晶体。

这一天，屠呦呦的助手钟裕蓉在偶然间看到一篇有关气管炎药物研究的文章，文章中提到用硅胶分离中性物质，她眼睛一亮。之前课题组试过各种分离手段，包括使用硅胶板分析，效果较好。是不是可以再试试呢？

钟裕蓉将硅胶填充进层析柱上，让191号提取液缓缓通过硅胶，过滤杂质，青蒿抗疟疾的有效成分纯化液最后流入了专门的容器中，静静地等待着它自行结晶。

1972年11月8日，在匆匆吃了晚饭后，屠呦呦、钟裕蓉和同事们再一次赶回实验室，准备挑灯夜战。刚刚打开实验室的灯，大家一下子愣住了，只见盛放着191号纯化液的容器中，盛开着一朵朵特殊的"花朵"——那是青蒿素针形晶体！

1972年11月8日，一个注定要载入史册的日子。

屠呦呦课题组从原本是黑色膏状物的青蒿粗提取物中，分离得到了三种结晶。

在经过又一系列的活体实验后，其中一种分子式为$C_{15}H_{22}O_5$的白色结晶体，只需要50～100mg/kg的剂量，就可以将小白鼠体内的所有疟原虫全部杀死，而这种晶体的熔点为 156 ～ 157 摄氏度，药效非常稳定。

这种白色晶体，就是数千年来，中外无数医生、科学家，苦苦找寻的消灭疟疾的终极武器！

屠呦呦和她的同事们，面对着这白色的晶体，流下了激动的泪水。

此时无声胜有声，屠呦呦透过这白色晶体看到的，是包括葛洪在内的中外无数医者，在深山老林里苦苦寻找药物的身影；是久病在床的病人重开的笑颜；她也看到了自从 1969 年 1 月以来，自己和同事们度过的一个个不眠之夜；甚至看到了被全托在幼儿园、至今倔强地不肯对自己露出笑容的大女儿的小脸……

实验室里，有人轻声提醒道："取个名字吧。"

给这白色的晶体取个名字，正式的名字，再不能用191 号来命名了。

在科学发展史上，任何一种物种、新的元素、新的星球或新药被发现时，发现人有权用自己的名字来给它命名，如此一来，发明人的大名就与这新生事物一起永留史册。

这是比帝王的皇冠还贵重的荣誉，因为皇冠会滚落尘埃，而科学家的大名则永驻人们心中，与世长存。

屠呦呦没有一丝迟疑："就叫青蒿素吧。"

屠呦呦并没有在新药名称中加入任何一点个人的因素，因为在她心中，早在 1700 多年前，葛洪就已经发现了青蒿治疟疾的疗效，青蒿素的发现，并不是她一个人的荣誉，而是上至葛洪等无数古中医、下至中医研究院所有同仁的功劳。

屠呦呦最后将从青蒿里提取得到的三种结晶分别命名为青蒿甲素、青蒿素Ⅱ和青蒿乙素，其中，只有青蒿素Ⅱ才能真正杀灭疟原虫。

不过，包括屠呦呦在内，实验室里的大家更愿意直呼"青蒿素"，就像在呼唤自己的孩子一样亲切。

在经过多批次的实验后，青蒿素治愈了得了疟疾的猴子，最快的起效时间，只需要一个半小时！

1973年来临，随着新春气息一起传递到全国的是屠呦呦课题组发现青蒿抗疟奥秘的好消息，中药所不断接到各地的来信来访，屠呦呦都亲自回信、寄资料、热情地接待各地的来访者，毫无保留地介绍青蒿、青蒿提取物及其化学研究的进展情况，从而引发了全国的青蒿素抗疟研究的热潮。

 **呦呦心法**

　荣誉只是成功的副产品，是一种华美的装饰。

第二十七章

"蛋""羊"之争——求知的脚步永不停止

1973 年，入秋后，北京的天气就一天比一天冷，中药研究所的食堂大师傅烧好的饭菜很快就冷了，有的专家忙于工作，常常会错过饭点，食堂大师傅不得不经常把饭菜重新加热，一来二去，饭菜都串味了。

一个身影匆匆走进了食堂，她边走边盯着手里的一份报告，嘴里还喃喃自语着什么，时不时轻轻摇着头，食堂的阿姨一眼就认出，那人正是屠呦呦。

热情的阿姨忙上前帮屠呦呦打菜，正好听到屠呦呦在嘀咕："怎么没有蛋？居然是羊？这不可能！难道是我弄错了？不，青蒿素在动物实验上是完全成功的啊……"

食堂阿姨低头看了看放着一盆盆菜的案板——今天没

有鸡蛋，也没有羊肉啊，她连忙说："屠老师，你想吃鸡蛋和羊肉啊？真抱歉，今天食堂里没做这两样菜，今晚就只剩下大白菜了，还凉了。"

屠呦呦正在低头看报告，听到食堂阿姨的话，一怔，抬起头来，这才发现自己不小心自言自语的话，引起了热心阿姨的误会，她笑道："阿姨，谢谢你的关心，我说的'蛋'和'羊'，和吃的菜可没有关系。"

的确，屠呦呦自言自语的"蛋"，可不是鸡蛋鸭蛋，而是氮元素，而"羊"，也不是肥美的羊肉，而是氧元素。

时间走入1972年后，屠呦呦对青蒿素的研究进展神速，人体实验成功，临床实验顺利，没多久又分离出了青蒿素单晶体。然而，在一声声捷报中，突然传来了一个不和谐的声音：青蒿素分子结构测定遇到重大难题，经过专家们的反复测定，青蒿素分子结构中没有氮元素，却有氧元素。

药物分子结构测定，是药物研制中的重要一环，事关今后大规模人工合成药物，这样的话，青蒿素制药就能摆脱原料青蒿的种植、收割等因素的制约，直接用现成的化工原料，制成最有效的药物，可以给病人提供更廉价的药。

屠呦呦非常关注这项研究。然而，中医研究院里并没有测定青蒿素分子结构的仪器，屠呦呦团队不得不把青蒿素送到相关的研究机构，通过元素分析、光谱测定、质谱及旋光分析等技术手段，确定化合物分子式为 $C_{15}H_{22}O_5$，分子量282。

这意味着青蒿素分子结构中，没有氮元素，倒有大量的氧元素！

怎么会没有氮元素？怎么可以没有氮元素！

在普通人眼里，氮、氧只是最普通不过的两个元素，可是在研究抗疟原虫药物的专家眼里，氮元素，却有着特殊的意义。

在此之前，奎宁和其衍生物是抗疟原虫的经典"圣药"，奎宁中杀灭疟原虫的最有效成分，就是其中的氮元素，世界上研制出的所有已存的抗疟药物，都有氮元素。

在西方医学界，抗疟药必须拥有氮元素，已经成了所有医药学专家一致认定的铁律——不，是真理，绝对的真理！

没有氮的药物，根本治不了疟疾！

可是，屠呦呦发现的青蒿素分子结构里，却并没有氮，青蒿素的分子结构里，有碳、氢可唯独没有氮！

对深受疟疾之苦的病人而言，只要青蒿素可以解除自己的痛苦就够了，至于什么分子结构、青蒿素含有哪些元素，又有什么关系呢？何必多此一举测定分子结构呢？

但屠呦呦却非常认真，科学就是这样，不能仅仅"知其然"，还必须要"知其所以然"，要有打破砂锅问到底的穷究一切的精神。

没有氮，那究竟是什么在杀灭疟原虫？

屠呦呦突然发现自己走入了一片科学的迷雾之中——

明明青蒿素能有效杀死疟原虫，可是青蒿素又偏偏没有西方医学界公认的必须有的氮元素，难道说自己有什么地方做错了吗？

焦虑的屠呦呦反复思考着青蒿素的分子结构问题，这才闹出了食堂阿姨误听"蛋""羊"的笑话。

不过，别人可以将氮氧当作笑话听，屠呦呦却不行，她反复和有关专家讨论、分析，是不是仪器分析错了？是不是送检的青蒿素样本有问题？

1973年4月27日，中国医学科学院药物研究所分析化学室进一步复核了分子式等有关数据。1973年9月，屠呦呦与同事向她大学时最敬佩的老师——北京医学院药学系的林启寿教授当面请教青蒿素中"无氮"这一现象。

林启寿教授一直很关注自己这位得意弟子的成长，也知道她在中医研究院为国家的中药事业做出了特殊的贡献。林启寿教授却语重心长地对屠呦呦说：科学界，从来没有所谓的永恒不变的真理！真正的科学家，应该有质疑一切、怀疑一切的勇气！

听了林启寿教授的话，屠呦呦眼睛一亮，的确，自己无意中走入了一个误区——凭什么西方医学界认为只有氮元素才能杀死疟原虫就是一条颠扑不破的真理？

在人类科学发展的历史上，很多所谓的"真理"，都被独具眼光、用实践来求证的科学家推翻，人们以前坚信的天圆地方、地球中心说，最终不都被证明是一个天大的错误，甚至是笑话吗？！

许多伟大的科学家，甚至冒着生命的危险，大声质疑所谓的"真理"——到处宣传太阳中心说的布鲁诺，最后被宗教法庭活活用火烧死，用自己不朽的生命，证明了科学探索的艰辛——吾爱生命，但吾更爱真理！

1974 年起，屠呦呦团队与中国科学院上海有机化学研究所和生物物理所相继开展了青蒿素结构协作研究的工作，最终确认青蒿素是含有过氧基的新型倍半萜内酯。

青蒿素的分子结构在真实世界中是立体的，但是在纸质报告上，只是几个组成一团的六边形和短杠杠，上面用字母标注着不同的元素，就如同一个孩子胡乱搭成的积木。

不同的积木，代表一个不同的元素，青蒿素里有碳，有氢，也有氧——等等！氧！这个氧结构好古怪，两个氧元素肩并肩挨在一起，就如同一座桥，搭在了青蒿素体内。

这样的结构，在科学界有个专门的名称——双氧桥结构。

这是青蒿素特有的结构！

此前，医科院药物所从鹰爪素中就发现有类似的双氧桥结构。

屠呦呦的眼睛越来越亮——难道说，正是这种罕见的双氧桥结构，高效杀死了疟原虫？

屠呦呦立刻与上海专家联系，进行了一连串的实验和测定，终于，结果出来了——青蒿素中的双氧桥果然是疟原虫的克星！

顽固的疟原虫遇到青蒿素后，青蒿素中的双氧桥就会进入疟原虫的体内，干扰它的细胞内部运行，阻止营养物质的运输，失去了营养物质，疟原虫自然活生生地饿死了。

原来，没有氮元素，只有氧元素，也可以杀死疟原虫，就像没有蛋，吃羊肉，也可以填饱肚子一样。

西方医学界错误的认知，在屠呦呦发现的青蒿素里的双氧桥面前，如同建筑在沙滩上的大楼，轰然倒塌。

1975 年底，X 射线衍射方法确定了青蒿素的三维立体结构。1977 年，青蒿素的立体结构在中国的《科学通报》发表，并被《化学文摘》收录。

"蛋""羊"——氮氧之争，在科学事实面前成了一个天大的笑话，这也鼓舞了无数中国科学家，使他们相信，西方科学界的理论并不是不可触碰、不可更改的"圣经"。

中国的科学家，哪怕是在缺少设备的简陋实验室里，也可以和西方科学家做得一样好，不，甚至比他们做得更好！

更令人兴奋的是，这意味着青蒿素是一种完全不同于奎宁及其衍生物的全新药物，当疟原虫已经对奎宁产生抗药性时，拥有双氧桥的青蒿素的横空出世，将成为消灭疟原虫的新式武器！

 **呦呦心法**

真理是发展的，要有质疑权威的勇气。

▎第二十八章▎

大头黄花蒿成了宝贝

青蒿素虽然问世了，但屠呦呦依然泡在实验室里，反复用各种青蒿做实验，原因很简单，青蒿里含有的青蒿素含量太低了，而且非常不稳定。

有关药厂在使用青蒿制药后发现，利用北京一带野生的青蒿提取到的青蒿素不足以形成大规模的产量。

毕竟青蒿不是常见的人工种植物，只是一种野生的植物，而要给全国数千万疟疾病人提供足够的药物，所需要的新鲜青蒿将是个可怕的天文数字，根本不可能实现。

这一次，就连屠呦呦的大水缸也不管用了，那得用多少口大水缸浸泡青蒿才能生产出足够的药物啊。

在后续的一系列志愿者人体实验中，还曾经出现了一次"乌龙"事件——有几位海南疫区的病人在服用了青蒿素正式制成的片剂后，所患的疟疾居然没有被治愈！

这可是不得了的大事！

屠呦呦和她的团队赶紧取来了青蒿素片剂进行分析，结果药片拿到手后，他们哭笑不得——青蒿素的针状晶体在做成片剂后，因为药厂的疏忽，药片做得太硬了。

药片硬到什么程度呢？他们将药片放在乳钵里碾压时，居然用尽了全身力气都压不碎。这药片，比石子还坚硬！这样的药片吃到病人肚子里，根本消化不了，更不要说吸收青蒿素进入血液杀死疟原虫了。

解决的办法很简单，那就是将青蒿素药片改成用青蒿素单体原粉直接装入胶囊去做人体实验。

屠呦呦自己动手，将青蒿素单体原粉装入胶囊，紧急赶制了一批青蒿素胶囊。时任中药所副所长章国镇携带着这批救命的青蒿素胶囊，送到海南疫区。效果几乎是立竿见影，三例外来人员日间疟患者服用青蒿素胶囊后在 18.5 小时内疟原虫转阴，很快就病愈了。

此事看起来似乎只是一场虚惊，却给屠呦呦敲响了警钟——青蒿素从实验室走向制药厂，进而走进千家万户，还有很远的路要走。

于是屠呦呦和同事们来不及庆功，就再次开展了一轮轮实验，希望能找到青蒿素含量最丰富的一种青蒿——因为大规模制药，离不开丰富的原材料。而用化学原料直接人工合成青蒿素，限于当时的中国科学水平，还遥遥无期。

当屠呦呦开始新一轮奋斗的时候，因为她和团队对青蒿素研究进展的毫无保留的推介，青蒿素已经如同一枚火种，悄悄地传遍了全国。

云南，昆明。

当地的一名云南药物所研究员罗泽渊正在云南大学里散步，她是全国"523"项目的成员之一，就算是在散步，也满脑子都是如何治疗疟疾。

罗泽渊刚刚收到来自北京的报告，在那份报告里，中医研究院已经得到了一种有效的治疗疟疾的药物，"青蒿""低温处理法""乙醇""乙醚""青蒿素"等几个词在她的脑海里反复闪现。

青蒿，真的那样神奇？

云南也是疟疾多发地，早在隋唐时期，就有大规模疟疾流行的记录，但是，民间并没有用青蒿治疗疟疾的传统。

罗泽渊正在思索，视线突然掠过校园水沟旁的一丛蒿。这蒿顶着黄色的花蕾，当地百姓把这种蒿叫作大头蒿、黄花蒿，而且因为这种蒿有股苦味，就算喂猪，猪也不吃。只有少数农民，用这蒿来当绿肥。

下意识地，她随手拔了一把黄花蒿，将它带回了实验室，试着用来自北京中医研究院的低温处理法，提取其中的成分。

很快，用乙醚、石油醚、醋酸乙酯、甲醇等4种有机溶剂，通过低温处理法获得了提取物并进行了动物实验，实验的结果让罗泽渊跳了起来——100% 的抑制率！

继续进行实验！研究清楚这种从黄花蒿里提取出来的物质，是不是就是青蒿素！

然而，云南大学里的野生野长的黄花蒿很快用完了，罗泽渊干脆跑到市场上，买了一大包黄花蒿，这一次实验结果又成功了！

更令罗泽渊和同事们喜出望外的是，从市场上买来的黄花蒿含有的有效成分，居然是普通青蒿的十多倍！

专家们仔细一查，发现这批黄花蒿来自四川省酉阳地区，他们又多次到酉阳地区购买黄花蒿，一次次实验证明，酉阳黄花蒿的有效药物成分异乎寻常地丰富，最高能达到 0.3%，而普通的青蒿只有 0.02%。

整整十多倍的差距！

现在唯一需要确认的是，黄花蒿里提取出来的有效成分，究竟是不是屠呦呦发现的青蒿素。

很快，一份来自云南的请求被送到了北京的中医研究院，请北京的专家到云南实地看一看，当地专家从黄花蒿里提取出来的物质，究竟是不是青蒿素。

屠呦呦立刻派了一名专家赶赴彩云之南，专家带着结晶回到北京后，经过化学成分对比，答案揭晓：黄花蒿里的化学成分，就是青蒿素！

经过多地专家的再三研究，这种富含青蒿素的黄花蒿是青蒿的一种变型，专家们给它取了个正式的名称叫"大头黄花蒿"。

有关部门在全国各地展开了青蒿野生资源的调查，这才发现，青蒿在我国南北各省分布很广，资源丰富，在深山老林中，在溪流湖泊边，到处都能找到成片成片生长的野生青蒿。仅广西桂林一地，每年就可收购野生青蒿 500 吨，广东年产量可达 5000 吨。

各地专家经过仔细的检测，发现野生青蒿中青蒿素的含量呈南方高于北方的特点，南岭山脉、武夷山脉以南为高含量区，广西、广东、海南北部产的青蒿里，青蒿素含量最高，秦岭以南的四川酉阳、彭水、秀山等地的大头黄花蒿中，青蒿素含量也很高。

很快，全国各地的青蒿素生产轰轰烈烈地启动了。

含有青蒿素的药丸、胶囊、油混悬针剂，被一批又一批地生产出来，然后通过火车、客轮、飞机、自行车，被送到田间地头，送到河流湖泊边的船家，送到偏僻遥远的边疆……

🔬 **呦呦心法**

科学之路上的任何一个微小环节都是决定性的。

┃第二十九章┃

救一位母亲生命的分量—— 一克

云南，少数民族佤族同胞居住区，重重群山的茂密原始森林中，一支小小的队伍正在高一脚低一脚地跋涉，一个肚子高高凸起的 20 岁的佤族妇女被抬在中间，正发出有一声无一声的呻吟。护送她的亲人们焦急万分，一边用砍刀在藤萝密布的丛林中开路，一边互相换着肩，抬着病妇跌跌撞撞地前行。

终于，这支小小的队伍到达了当地的卫生所，然而，病妇刚刚被抬上病床，随着一声惨叫，已经 6 个月大的胎儿流产了！

流产出来的胎儿，是个死胎！

卫生院的医生匆匆一检查，就惊呼一声，恶性疟疾！

这个病妇在怀孕后感染了疟疾，因为送医不及时，体内出现了大量的疟原虫。

这些疟原虫聚集在病妇的微细血管内，疯狂地夺取着营养，以至于胎儿营养不足，再加上胎儿的母亲长期发热，6 个月大已经成形了的胎儿，活生生在疟原虫的疯狂进攻下，10 天内就变成了死胎。

如今，死胎流产，而母亲也陷入了生死一线中。

疟原虫不仅夺走了胎儿的生命，而且依然在凶残地攻击着母亲——病妇严重贫血，红细胞只有 120 万 /mm^3，体温低到了 35 摄氏度以下，大量疟原虫正在往内脏微血管聚集，病人陷入了半昏迷之中，随时都会死亡！

青蒿素！立刻用青蒿素杀死疟原虫！

卫生院的医生小心翼翼地取来了最新送到的青蒿素药片，药片并不大，只有 0.5 克，趁着病妇还有一点意识，给她口服，同时进行输血。

时间一分一秒过去，医生和病人的家属都围在病妇身边，睁着血红的眼睛等待着。

4 个小时过去了，病人并没有转好的迹象，病情反而更加严重，意识开始模糊，面对医生的再三询问，只会胡言乱语。

医生决定，再喂服 0.5 克青蒿素。

然而，此时病人因为剧痛，牙关紧咬，青蒿素怎么也无法从口里灌下去。

医生灵机一动，将药片磨碎，通过鼻饲插管，直接将药粉灌到了病人的胃里。

然而到次日凌晨，病妇依然没有清醒，相反，彻底失去了知觉。

病人的家属急得跳了起来，吵嚷着要把病妇转送到市区里的大医院。

然而，病妇刚刚经过流产、大失血，这个时候在崎岖的山路上转院，还没等送到市区的大医院，病妇就会因体力衰竭而死！

怎么办？生与死的选择摆在了卫生所医生面前。

卫生所的医生盯着手里的青蒿素，治疗病妇的关键在于疟疾，只要能够消灭疟原虫，病妇就能救活，如果一时冲动转院，病妇反而会因此送命。

但是，青蒿素能够战胜疟原虫吗？

医生的脑海里闪过了此前卫生所收治的十多个疟疾病人，他们在口服了一两片青蒿素后，很快就治好了病，在乡间，百姓们纷纷把青蒿素称为"神药"。

病妇已经口服了两片总共 1 克青蒿素了，一定能杀死疟原虫，如今的危急症状，应该是大失血和其他的并发症引起的。

医生沉下心，细细给家属做工作，告诉他们青蒿素这种"神药"的神奇之处，家属此前也从乡亲们嘴里听到过青蒿素的大名，渐渐安静下来，同意医生原地施救。

医生擦了把汗，不再给病妇服用青蒿素，而是多次输血和开展综合治疗。

一个小时又一个小时。

50 小时后，重度昏迷的病妇睁开了眼睛！

72 小时后，病妇已经能和家属对话，她体内的疟原虫，已经全部被杀灭！

一位母亲的生命被保住了，而如果病妇能够早一点就医的话，连她腹中的孩子也能救活。

她很快会恢复健康，以后，她依然会怀孕、生孩子，在"神药"青蒿素的庇护下，她再也不需要恐惧疟疾这个魔鬼了。

在偏远的边疆，一位母亲的生命有多重——那就是，1克，轻轻的小小的两片，总重一克的青蒿素片，就拯救了一个家庭。

类似的青蒿素救命的故事，在神州大地上到处上演。

云南省耿马县人民医院和沧源县南腊公社卫生所用青蒿素治疗疟疾，青蒿素对恶性疟、间日疟有显著疗效，比原来当地使用的抗疟药氯喹快速有效数倍。

在山东巨野县城关公社朱庄大队，30 个病人服用了用乙醚从当地产的大头黄花蒿中提取的青蒿素，青蒿素被装在胶囊里，一个胶囊里有 17.1 克青蒿素，3 天至 6 天内，病人体内的疟原虫被消灭得一干二净。当地的医生欣喜地看到，青蒿素没有任何毒副作用，而在之前，常用的一些抗疟西药，会引起病人剧烈的呕吐。

在海南、云南、河南、山东、江苏、湖北、四川、广西等地，甚至越南、老挝、柬埔寨等国，在极短的时间内，青蒿素就治愈了 6550 多名病人，疗效几乎达到 100%。

......

青蒿素攻无不克，捷报频传！

1978 年，"523" 任务举行了全国性的青蒿素鉴定会，正式确定，中华青蒿素为一种抗疟良药。

青蒿素成了全国各地医院、卫生所，甚至老百姓家里的必备良药，到 1986 年，随着青蒿素的正式上市，中国的疟疾发病率，从每年两三千万病人，急剧减少到每年数万人。

🕐 时光思语

拯救 4 千万，就是拯救 4 万个家庭。

|第三十章|

内外兼修的"绝世高手"
——双氢青蒿素

　　中国南方边境，炎热潮湿的丛林中，一只雌性按蚊振动着翅膀，嗡嗡响着，正在花丛藤萝间穿梭，如今正是按蚊的繁殖季节，这只雌性按蚊需要大量的鲜血，来补充自己的营养，孕育腹中的卵子。

　　咔嚓，咔嚓，一阵利刃劈砍茂盛的枝叶的声音，从森林的另一端传来，那是一位民间的采药人，正在密不见天日的丛林中寻找新鲜的药材。他挥汗如雨，散发出的体味和温度，在雌性按蚊的眼中，就是一个天然移动的大血库。

　　狡猾的雌性按蚊小心翼翼地飞近了采药人，趁他不备，扑到他裸露的胳膊上，伸出尖尖的长嘴，穿透了他的皮肤，美美地饱吸了一顿鲜血，然后才带着灌满了血的大肚子，摇摇晃晃地飞走了。

采药人等到被雌性按蚊叮咬处开始发痒，忍不住伸手抓挠，才发现自己被吸走了血，他嘴里怒骂了几句，依旧在丛林中寻找草药，不时拍打几下胳膊，有时运气好，一巴掌拍下去，能拍死好几只偷袭的蚊子。

采药人并不知道，雌性按蚊不仅偷偷吸走了他的鲜血，还在他的体内，悄无声息地"偷渡"进了一支可怕的大军，那就是疟原虫！

雌性按蚊的体内，潜藏着成千上万个疟原虫孢子，这些孢子是如此微小，当雌性按蚊在吸人血时，孢子大军就通过按蚊的尖嘴，跑到了人体内。

采药人辛苦了一天，挨了无数蚊子的叮咬，带着药材和又痒又红肿的疱块回到家里时，在他的体内，疟原虫大军已经随着血液流进了肝细胞。

肝，是人体器官的动力工厂，通过肠胃消化吸收的营养，会集中到肝细胞，然后通过血液中的红细胞，传输到全身。

疟原虫孢子在肝细胞里住了下来，利用肝细胞内部丰富的营养物质，狂吃猛喝，开始成长发育并进行裂体增殖，形成裂殖子。

疟原虫的裂殖子越长越大，而被窃取了营养的肝细胞则逐渐衰弱，终于一个原本健康的肝细胞被疟原虫的裂殖子彻底撑破，杀死肝细胞，破体而出的疟原虫裂殖子并不罢休，它开始猖狂地攻击携带了更多营养物质的红细胞。

红细胞是人体的营养运输车，负责将肝部产生的营养物质运输到全身各个器官，成千上万的疟原虫裂殖子钻在红细胞体内，偷走了大量人体每时每刻都需要的营养。同时，裂殖子进化成了疟原虫成虫，它的胃口变得更加贪婪，疯狂地吸取着更多人体的营养。

这时，采药人终于发现了自己身体的异常——他开始发热、出汗、呕吐，因为贫血而一阵阵头昏，肝脏因为大量细胞被破坏，出现了肿大。大脑、肺部因为大量肝细胞和红细胞被破坏，缺少必要的营养，也出现了病变。

采药人出现了急性昏迷——他的身体向大脑发出了全面警告！危险！危险！有可怕的敌人正在体内捣蛋！

采药人被紧急送到了医院，医生稍一检查，就确认：病人得的是疟疾！

立刻，一颗青蒿素制成的药物，被灌入了半昏迷的病人嘴里。

正在疯狂破坏人体的疟原虫，迎面遇上了一支抵抗大军——青蒿素药物！

疟原虫对来自体外的药物大军其实并不陌生，数千年来，人类曾经发明了无数的药物来清剿自己。

只不过，"身经百战"的疟原虫早就对这些药物产生了抗药性，一代又一代疟原虫在经过无数次基因变异后，根本不怕这些药物大军。相反，外来的药物反而会破坏人体内的健康细胞，让病人变得更虚弱。

然而，疟原虫这一次碰上的却是中国科学家屠呦呦团队发现的青蒿素。青蒿素和以前奎宁等抗疟药物完全不同，如果说，奎宁是带着长枪大炮的军队，那青蒿素则是身手非凡的功夫高手，它最擅长的，就是贴身格斗。

　　只见青蒿素大军猛扑到疟原虫身上，利用自己体内的双氧桥攻击破坏疟原虫的食物泡膜、核膜以及质膜。

　　受到攻击的疟原虫很快彻底死亡。

　　疟原虫面对青蒿素的攻击，逐渐练就了保命的手段，那就是耐药性，疟原虫以前就是靠着这一本领，挡住了奎宁等药物的攻势。

　　然而，青蒿素突然又使出了新武器——它分子结构上的羟基上增加了侧链的衍生物，这一衍生物也对疟原虫展开了攻击。

　　因为，采药人刚刚服用的青蒿素药物是屠呦呦于1973年偶然中发现、1992年获得卫生部新药证书的双氢青蒿素。

　　顾名思义，双氢青蒿素与青蒿素最大的不同，就是多了氢原子构成羟基。这羟基可了不得，科学家可以通过它在青蒿素分子结构上人为地增加各种衍生物。

　　用通俗的话说，双氧桥是青蒿素的内功，是攻击疟原虫的主力军；但同时，青蒿素的羟基又可以人为增加新的衍生物，这些衍生物进入人体后，多变成双氧青蒿素起作用。这就好比青蒿素又多了十八般兵器，这些兵器可以对疟原虫产生更大的破坏力。

双氢青蒿素就是这样一位内外兼修的"绝世高手"，可以利用"内功"——双氧桥和"外功"——羟基上的衍生物，对疟原虫进行双重攻击，这样的攻击有多猛烈呢？

双氢青蒿素的药效是青蒿素的 10 倍！

双氢青蒿素的贴身攻击如同狂风暴雨一般，异常凌厉、迅速——天下武功，唯快不破，从采药人服下双氢青蒿素药片，到消灭疟原虫，只需要短短的 1.33 小时。

所以，疟原虫虽然垂死挣扎，却依然没有足够的时间生产出抗氧化酶这面盾牌，很快遭遇了灭顶之灾。

病人体内成千上万个原本嚣张无比的疟原虫，变成了一条条死虫子，再也不能伤害肝细胞和红细胞了。

采药人身体的各处器官恢复了正常的营养供应，原本发热、出汗、呕吐等种种异常全都消失不见。

这，就是双氢青蒿素消灭疟原虫的一幕，这样的人体内的战争，在全世界的无数角落上演。

自从屠呦呦研制出双氢青蒿素后，上海、广西等地的研究机构以双氢青蒿素为基础，合成了青蒿琥酯、蒿甲醚等多种衍生药物。

这些药物的药效高于青蒿素 10 倍，而且复燃率低至 1.95%，具有高效、速效、安全、剂量小、口服方便、复燃率低、研制简便等优点，比注射给药的同类衍生物更有效。

双氢青蒿素是屠呦呦研究青蒿素的一个缩影，她的一生与青蒿素、中医中药结下了不解之缘。

屠呦呦还曾研究过青蒿素对自身免疫性疾病的治疗，发现青蒿素对红斑狼疮有着显著疗效；同时，青蒿素还有抗血吸虫、抗炎、护肝、抗心律失常、抗病毒等多种作用。

屠呦呦只觉得自己的时间不够用，她想要研究和探索的，实在太多太多！

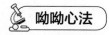 呦呦心法

真理不能浅尝辄止，深耕真理还会获得更多真理。

‖第三十一章‖

拯救全球亿万生灵的中华神药

时光如流水，匆匆迈入了 21 新世纪。

2007 年，非洲位于印度洋上的岛国——科摩罗。

科摩罗是个美丽的国家，有西印度洋明珠、月亮之国、香料之国等美称。

一天，科摩罗副总统兼卫生部长福阿德·穆哈吉从医院里匆匆出来，脸上满是悲痛。他刚刚探病出来，家里的三位亲人先后感染了疟疾，已经住院好几个月了，可是这些昂贵的西方药物根本治不好亲人的病，他们的病情稍有好转，又立刻复发。

福阿德·穆哈吉虽然是副总统兼卫生部长，曾经在西方发达国家的医学院学习过，但他也对重病卧床的亲人束手无策，所有他熟悉的西药，都无法彻底治好疟疾。

福阿德·穆哈吉知道，受疟疾所害的不仅仅是自己的家人。一般每个科摩罗家庭中，就有 2～4 名家人因为疟疾住院，为此每月大约至少要支出 60 欧元，住院率达到了惊人的 42%，近一半国民躺在病床上。

科摩罗群岛属湿热海洋性气候，全年分为雨季和旱季，每当雨季来临时，大雨从 11 月一直下到来年的 5 月，整个国家都泡在大雨大水中，正是这恶劣的气候，让疟疾成了"国民病"，人们好不容易赚来的钱，都扔到了医院里。

福阿德·穆哈吉心怀着对亲人和国民的担忧，来到了办公室，一份来自中国的报告送到了他的案头：中国将派医生前来援助科摩罗人民对抗疟疾，一种叫复方青蒿素的药物将免费送到每一户科摩罗人家里。

中国和科摩罗有着传统的友谊，1975 年，中科两国建交后，就从经济、文化等多方面展开了合作交流。福阿德·穆哈吉对中国人抱着深切的好感，他立刻决定，用中国的青蒿素给国民治病。

很快，青蒿素被前来援助的中国医生送到了科摩罗的医院、社区、家庭，效果几乎称得上立竿见影，科摩罗在 3 个月内，就实现了疟疾病人零死亡，感染率从每千人 142 人，下降为 2.8 人！

青蒿素不仅治好了科摩罗人民的疟疾，更意外促进了当地的经济发展。

科摩罗风光秀丽，当地人除了捕鱼，主要以旅游业为生，此前因为疟疾肆虐，大量游客被吓跑了，自从青蒿素清除了疟疾后，来自欧美的游客再次回归，当地人的腰包也重新鼓了起来。

"青蒿素！中国的神药！"福阿德·穆哈吉激动地拉着中国援助医生的手连声惊呼。他告诉中国医生，他毕业于欧洲发达国家的医学院，心里总认为欧洲的医学最发达，有着最先进的药物，而神奇的中国青蒿素，以活生生的例子，改变了他的看法。

"请代我谢谢青蒿素的发现者，青蒿素拯救了一个国家！"福阿德·穆哈吉动容地说。科摩罗，仅仅只是青蒿素造福世界人民的一个缩影。

在加纳，当地人治疗疟疾原本仍普遍采用奎宁，但这种药物对肝肾功能损伤较大，疟疾没有治好，药物的副作用却先一步给病人带来了更大的痛苦。

当地一个十四五岁的女孩子，在得了恶性疟疾后，服用了奎宁整整一星期，病情不仅没有好转，甚至还出现了呼吸困难等危险症状。家长连夜带着女孩子找到了中国医生的诊所，医生给她口服了青蒿素后，女孩子第二天就神志清醒了。

一夜间，中国青蒿素的大名传遍了整个加纳。没有副作用的青蒿素后来还治好了加纳总统杰里·约翰·罗林斯的夫人的疟疾。

在津巴布韦，青蒿素在短短三年里，治愈了全国 97%的疟疾患者。

在刚果（金）和尼日利亚，中国的青蒿素药物也广受欢迎，成为当地药剂师对抗疟疾的首选药。

在尼日利亚，企业甚至在餐厅里公开摆放着青蒿素药片，工人们随时可以取用。当地人主动拒绝了其他国家昂贵又有副作用的抗疟药，只认可"中国人的药"。

在肯尼亚，奇苏姆省是疟疾重灾区，中国重庆产的青蒿素药物"科泰新"治愈了无数患者。有一名疟疾孕妇，在青蒿素帮助下，不仅治好了自己的病，还生下了一名活泼健康的孩子，为了感谢青蒿素，给孩子取名"科泰新"。

在南非的夸祖一鲁纳塔尔省，中国的青蒿素使疟疾患病人数减少了 78%，死亡人数下降了 88%。

在几内亚，传染病专家吉拉沃吉原本正为氯喹治疗疟疾效果不佳，很多孩子因此奄奄一息而心痛，来自中国的青蒿素帮助他把无数孩子从死亡线上抢救了回来。

在西非的贝宁，当地民众都把中国医疗队给他们使用的这种疗效明显、价格便宜的中国药称为"来自遥远东方的神药"……

不仅是在非洲，越南、柬埔寨、泰国、缅甸、印尼、菲律宾、印度，以及拉丁美洲等数十个国家和地区，来自中国的青蒿素拯救了无数家庭。

世界卫生组织从 1995 年起，陆续将中国研发生产的青蒿素药物列入了第 9、11 和 12 版《基本药物目录》，推荐给世界各国。

2006 年 1 月，世界卫生组织更宣布青蒿素类药物是全球未来遏制疟疾的希望，并明确要求任何一个国家在改变本国现有抗疟政策时，必须使用含有青蒿素类药物的复方或联合用药。

同时，世界卫生组织要求在疟疾高发的非洲地区采购和分发 100 万剂青蒿素复方药物，不再采购无效药。

根据世界卫生组织的统计数据，自 2000 年起，仅撒哈拉以南的非洲地区，就有 2.4 亿疟疾患者受益于青蒿素联合疗法，约 150 万人因该疗法避免死亡。

中国，屠呦呦，青蒿素，在疟疾肆虐之地，就是生命的代名词！

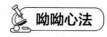 呦呦心法

让亿万人受益，这就是真理。

第三十二章

小区里隐姓埋名的老太太"高人"

2015 年，10 月 5 日。

北京，四环内的一个风景优美的小区。

小区绿树成荫，不时能听到几声鸟鸣。一位老太太正在小区绿地里健身，她穿着半新不旧的对襟衫，一头精神的短发，戴着黑边框的老花眼镜，为了防止眼镜掉落，还细心地在脖子上系了镜绳。

老太太年纪大了，一只耳朵有点听不清旁人的话，腰也时不时会酸痛，有时需要老伴搀扶着才能上床。她跳不动热闹喧哗的广场舞，所谓的健身，也就是在草坪上转两圈，甩甩手。

有时，老太太也会在老伴的陪伴下，来次兴师动众的"旅游"——由老伴扶着，在小区中心广场花园里转一圈。老太太对这样的"旅游"很满意，广场花园绿树如荫，鲜花遍地，还有健身的卵石路，这可比到故宫看人头、到长城爬石阶好多了。

老太太话不多，邻居们对她并不熟悉，不知道她叫什么名，从哪个单位退休，工作时曾经有过怎样辉煌的经历，只知道老太太有两个女儿，一个在美国工作，一个留在北京身边，时不时会带外孙女来看她。

老太太非常宠爱外孙女，在自己家厨房的冰箱上，贴着外孙女的照片，还有她的一篇英文作文。因为外孙女喜欢弹钢琴，老人特意买了台钢琴放在家里，偶尔，能听到悦耳的琴声从窗内飘出来。

邻居们有时从老太太和女儿无意的对话中了解到，老太太以前因为工作的原因，对两个女儿照顾不周，所以为了弥补女儿们欠缺的母爱，就格外宠爱外孙女。

邻居们很理解老太太当年的选择，在数十年前那个激情燃烧的岁月，为了国家辛勤工作、为大家忘小家的人可不少。

老太太锻炼好了身体，向邻居们点了点头，缓步回家。在她的身后，邻居们正在议论："听说了吗？今天那个什么诺贝尔奖就要揭晓了。"

"知道，知道，诺贝尔奖可是全世界最著名的奖，真可惜啊，咱们中国人，至今没有人得到过诺贝尔自然科学奖。

我孙子的课本里，说的都是获诺奖的外国人名。"

"唉，咱们国家如今越来越富强了，奥运会开过了，天宫飞船上天了，'嫦娥'都到月球上转了好几圈，啥时候中国的科学家也能得个诺贝尔奖就好了。"

老太太回到家中整理房间，她的手扫过书架，突然在一本蓝色封面的书籍上停顿下来，那本书叫《青蒿及青蒿素类药物》，编著者——屠呦呦。

这位老太太，正是屠呦呦，她如今已经 85 岁高龄了，但精神颇好。

屠呦呦的视线凝聚在《青蒿及青蒿素类药物》上，这本书让她的思绪再次飞到了数十年前。

1981 年 10 月，在北京召开的由世界卫生组织等主办的国际青蒿素会议上，屠呦呦以首位发言人的身份作了《青蒿素的化学研究》的报告，将这中华神药推向了全世界。

当时与会的中外专家一致认为"青蒿素的发现不仅增加了一个抗疟新药，更重要的意义还在于发现这一新化合物的独特化学结构，它将为合成设计新药指出方向"，由此带动了国际抗疟领域工作的新进展，也促使世界上很多国家对青蒿素展开进一步的研究。

接着，屠呦呦与中科院生物物理研究所、中科院上海有机化学研究所等单位合作，对青蒿素里有效成分的化学结构进行了测定，中科院上海药物研究所等对其进行结构改造，获得了抗疟疗效更显著的蒿甲醚、青蒿琥珀酸酯。

这两个化合物也被国家批准成药。

1984 年，首次人工合成了青蒿素。

接着，屠呦呦又根据世卫组织提供的资料，发现全世界每天约有 3000 个婴幼儿童死于疟疾，这些孩子因为年纪小，无论是口服还是静脉注射都很难给药，于是她又特意为低幼孩子研发了"双氢青蒿素栓剂"，方便儿童直肠给药，给无数孩子带来了福音。

这一桩桩屠呦呦创下的丰功伟绩，化成了厚厚的一本《青蒿及青蒿素类药物》，在这本书中，屠呦呦并没有多提自己的功劳，更多的，只是以极为专业的术语，描述如何提取青蒿素，如何开展衍生物研究。

在不懂医学的普通人眼中，这本书就如同天书，所以不出意外的，这本书在书店里的销量平平，远远比不上孩子们喜欢的动漫玄幻书。

然而，历史并没有忘记青蒿素，历史同样没有忘记屠呦呦：

1978 年，屠呦呦出席全国科技大会，她主持的科研组获"全国科技大会奖状"；

1979 年，抗疟新药青蒿素获国家发明奖；

1982 年，她出席全国技术奖励大会，领取发明奖章和证书；

1984 年，她被国家第一批授予"中青年有突出贡献专家"；

1990 年，她成为第一批享受政府特殊津贴的专家；

1992 年，她被中国中医研究院授予最高荣誉奖和终身研究员称号；

1992 年，"双氢青蒿素及其片剂"获"全国十大科技成就奖"；"七五"期间，她承担科委下达的攻关项目《常用中药材品种质量研究》中"青蒿品种整理和质量研究"课题，多品种共获国家科技进步一等奖；

1997 年，双氢青蒿素被评为"新中国十大卫生成就"之一。

屠呦呦还被中央国家机关授予"中国国家机关杰出妇女""全国先进工作者"等荣誉称号，并以"中国政府代表团"代表的身份出席联合国"第四届世界妇女大会"。

屠呦呦不仅在国内荣誉满身，在世界医学界也得到了高度认可：2004 年，泰国授予她"玛希顿皇家医学贡献奖"；2011 年，她又获得了"拉斯克·狄贝基临床医学研究奖"。

屠呦呦说，如果还有什么牵挂的话，那依然还是青蒿素。

作为中国中医科学院的终身研究员，屠呦呦时不时地还会去工作单位，对新来的年轻人念叨青蒿素：

"青蒿素来之不易，对青蒿素的应用可以扩充到更多的领域。"

她还担心，用药不规范会导致疟原虫对青蒿素产生新的耐药性。"这是个问题，现在也是很难控制。我只好呼吁大家来重视。"

除此之外，对屠呦呦来说，她曾经获得的荣誉只代表过去，她从来不主动和别人谈起自己的成就。

在中国的传统武侠中，最受人崇拜的就是那些"事了拂衣去，深藏功与名"的高人，又有"小隐隐于野，大隐隐于市"的说法，"老太太"屠呦呦，就是这样一位隐世高人。

在小区里，邻居和保安只知道，20层住着一位和蔼的老太太，对屠呦呦的卓越贡献，则很少有人知道。

 **呦呦心法**

低调可以降低世事干扰，让专注易于达成。

‖第三十三章‖

五年，五封诺奖推荐信

　　每年诺贝尔奖评选之初，全世界的诺贝尔奖获得者、诺贝尔奖评委会委员、特别指定的大学教授、诺贝尔奖评委会特邀教授会向评委会寄去推荐信，推荐他们心目中本届诺贝尔奖的候选人。

　　在遥远的大洋彼岸，美国国家科学院院士路易斯·米勒从 2010 年起，已经连续五年，向诺贝尔奖评审委员会寄去推荐信。

　　五年，五封推荐信，里面的名字只有一个：

　　屠呦呦！

　　米勒平生从来没与屠呦呦谋过面，事实上，在此以前，他根本不知道中国有位女科学家叫屠呦呦。

米勒是通过青蒿素，与大洋彼岸的屠呦呦神交已久，惺惺相惜。

米勒研究疟疾多年，很早以前就知道来自中国的青蒿素的神奇，在美国医学界，青蒿素被誉为"20世纪下半叶最伟大的医学创举""是中国人伟大的科学发现"。

在他心中，拯救了无数生命的青蒿素的发现者，是诺贝尔奖当之无愧的获奖人。更令他敬佩的是，这位至今默默无名的中国医学同仁，是在数十年前，在落后的中国，用西方科学家早就弃之不用的仪器，创造性地提取出了青蒿素。

一定要找到神秘的青蒿素发现者！

然而米勒翻遍了自己能找到的公开资料，都没有找到青蒿素发现者的名字——在所有来自中国的资料中，只是标明，青蒿素是集体的研究成果。

米勒并没有就此放弃寻找青蒿素发现者，他坚信，肯定有一个科学家，用与众不同的方法，从一株中国最普通不过的植物中，最先发现、提取了青蒿素。

有一年，当米勒从美国远赴中国上海参加一个疟疾与传染媒介会议时，这位与疟疾战斗了大半生的老人连声问在场的人："青蒿素是谁发现的？又是怎么发现的？"然而，时光久远，在场的包括中国科学家在内，无一人知道数十年前问世的青蒿素的发现人是谁。

固执的米勒在回到美国后，并没有放弃寻找青蒿素发现者的努力，直到 2010 年，他终于在一名中国籍同事的帮助下，了解到青蒿素之母——屠呦呦的事迹。

米勒亲自提笔，写了一篇文章《青蒿素：源自中草药园的发现》，这篇文章发表在著名的《细胞》杂志上，一下子将青蒿素和屠呦呦的大名，传遍了全世界。

在此之前，因为特殊的历史原因，屠呦呦虽然是青蒿素的发现人，但她并没有申请专利，世界各国都可以任意生产青蒿素药物，很多西方科学家并不知道青蒿素是屠呦呦发现的。

米勒的文章发表后，轰动了全世界的医学界。2011 年，拉斯克·狄贝基临床医学研究奖就以全票通过的方式授予了屠呦呦。

拉斯克奖是世界生物医学研究进展的一部编年史，素有诺贝尔奖风向标的说法，迄今为止，共有超过 300 人次获得拉斯克奖，而其中有 80 位在后来获得了诺贝尔奖。

从 2010 年起，每一年，路易斯·米勒都坚持向诺贝尔奖评审委员会推荐屠呦呦，他坚信，推荐屠呦呦这位来自中国的女科学家获得诺贝尔奖，是历史和世界对她迟到数十年的感谢。

作为"医学界的诺贝尔奖"的拉斯克奖之所以花落屠呦呦，评委会所依据的是三个"第一"：第一个把青蒿素带进"523"项目组，第一个提取出有 100% 抑制率的青蒿素，第一个做了临床实验。

2015 年 10 月 5 日，电视里，正在播放新闻。

当天，是 2015 年诺贝尔生理学或医学奖公布日。全球媒体正在直播，无数双眼睛紧盯着这历史性的一刻。

屠呦呦正在洗澡，在哗哗的流水声中，她听不清电视里的声音。

在此之前，没有任何人通知屠呦呦她有可能获得诺贝尔奖，因为所有评奖的程序，都是高度保密的。对屠呦呦而言，2015 年 10 月 5 日只是自己晚年生涯平静安适的一天。

电视屏幕上，在瑞典首都斯德哥尔摩，卡罗林斯卡医学院的诺贝尔大厅里，诺贝尔生理学或医学奖评审委员会正在庄严地宣布 2015 年诺贝尔生理学或医学奖名单，大屏幕上映出了获奖者的照片。

那是一张中国人的面孔，短发，戴着黑边眼镜，略带严肃的笑容。

下面，是她的名字——Youyou Tu！

屠呦呦！

屠呦呦：理想治愈世界

200

🕐 **时光思语**

世界不会忘记让它变得更好的人。

‖第三十四章‖

全世界迟到数十年的谢意

当天，诺贝尔生理学或医学奖评审委员会宣布，授予中国女科学家屠呦呦以及另外两名科学家威廉·坎贝尔和大村智 2015 年诺贝尔生理学或医学奖，以表彰他们在寄生虫疾病治疗研究方面取得的成就。

这其中，屠呦呦独得一半的奖金，而威廉·坎贝尔和大村智分享另一半。

诺贝尔生理学或医学奖评审委员会面对全球媒体宣布：

"青蒿素从根本上改变了寄生虫疾病的治疗。世界上每年有约 2 亿人感染疟疾，在全球疟疾的综合治疗中，青蒿素至少降低了 20% 的死亡率及 30% 的儿童死亡率，仅就非洲而言，每年就能拯救 10 万人的生命。"

对于屠呦呦的研究成果，评审委员会委员汉斯·福斯贝里如此评价：“她的发现在过去十年间显著降低了疟疾死亡率。”

另一名委员扬·安德森则说：“得益于屠呦呦的研究，过去十年全球疟疾死亡率下降了50%，感染率降低了40%。”

2015年10月5日，屠呦呦在自己家里，没有事先的电话通知，也没有预告，平静地从自己老伴李廷钊的转述中，听到了自己获得诺贝尔生理学或医学奖的消息。

诺贝尔奖诞生115年以来，共有592人获奖，而女性只有17位，这其中就有居里夫人。

屠呦呦身为女性科学家，首次代表中国摘得诺贝尔自然科学类奖项，有着划时代的意义！

电视机里的现场直播刚刚结束，屠呦呦家里的电话铃声就此起彼伏地响起，那是无数人在向勇登科学高峰的老太太表示衷心的祝贺。

中共中央政治局常委、国务院总理李克强致信国家中医药管理局，对中国著名科学家屠呦呦获得2015年诺贝尔生理学或医学奖表示祝贺。

李克强在贺信中说：

“长期以来，我国广大科技工作者包括医学研究人员默默耕耘、无私奉献、团结协作、勇攀高峰，取得许多高水平成果。屠呦呦获得诺贝尔生理学或医学奖，是中国科技繁荣进步的体现，是中医药对人类健康事业作出巨大贡献的体现，充分展现了我国综合国力和国际影响力的不断提升。希望广大科研人员认真实施创新驱动发展战略，积极推进大众创业、万众创新，瞄准科技前沿，奋力攻克难题，为推动我国经济社会发展和加快创新型国家建设作出新的更大贡献。"

北大林建华校长代表北京大学师生及全世界30万北大校友向屠呦呦寄去了贺信：

"追求真理和造福人民是科学进步的动力。多年来，您立足于本土中医药科学资源，实事求是，沉潜扎实，发现新型抗疟药——青蒿素。这一原创性科学工作，对部分最具毁灭性的寄生虫疾病有革命性的治疗作用，至今已经挽救了全球数百万人的生命。这是新中国科学史上浓墨重彩的一笔，是中国科学家对全世界人民福祉与科学发展作出的卓越贡献，也是中华民族五千年文明宝库对现代人类健康事业作出贡献的新体现。

"您是北京大学的杰出校友。64年前您进入北京大学医学院就读，毅然选择药学系生药专业作为第一志愿，自此烙上了'北大人'深深的印记，走出了一条艰辛而不凡的科学之路。数十年来，您在药学研究的道路上持之以恒、不怕失败、埋头苦干、拒绝浮躁、严谨朴实、淡泊名利，生动诠释了'爱国、进步、民主、科学'的精神内涵。科学精神和北大精神在您的身上得到了完美融合！

"悬壶济世，造福桑梓。您的奋斗历程，是新中国科学事业蓬勃发展的缩影；您的成就和获奖，代表了国际学术界对中国科技贡献的充分肯定。您心系苍生的理想情怀和坚持不懈的科学坚守，彰显了中国科学家求真求实、包容创新的科学精神，探索了中国科学事业艰苦奋斗、继往开来的发展道路，必将激励着全体北大科学工作者、北大校友乃至整个中国科学界向着中国梦新的伟大征程前进！"

屠呦呦。青蒿素。2015 年诺贝尔生理学或医学奖授予屠呦呦，凝聚着全世界因青蒿素解除了痛苦的病人的最真诚的感谢和祝愿。

这是一份迟到数十年的，世界向屠呦呦，向中国科学界献上的谢意！

🕐 时光思语

心系苍生的理想情怀，坚持不懈的科学坚守，彰显了中国科学家求真求实、包容创新的科学精神。

第三十五章

丰碑上，那些有名和无名的英雄

屠呦呦获得诺贝尔奖以后，在中国掀起了一股屠呦呦热，无数的媒体前去采访她；在家乡宁波，她小时候住的外婆家的老宅被确认为文物保护起来；她早年间写的信在网上拍出了 8 万元的高价；网上书店，她所著的《青蒿及青蒿素类药物》价格翻了数倍依然一书难求。

在这一片热闹中，屠呦呦却依然沉静淡泊，对每一家前去采访她的媒体，她都要强调：青蒿素的发现，是集体的成就，并不是她一个人的功劳，是当时的团队大协作有力地促进了青蒿素的研究、生产和用于临床。

她说："诺贝尔奖不是给我一个人的，青蒿素研究获奖是当年研究团队集体攻关的成绩，是中国科学家集体的荣誉。"

她告诉来访者，青蒿素问世的后面有着更多需要人们记住的名字，她领导的团队中的钟裕蓉，因为实验中毒，气管上长了一个无名肿瘤，不得不动手术将这个肿瘤连同部分气管、三分之二的肺叶一起切除，使她的健康受到了重大伤害；屠呦呦团队的另一名专家崔淑莲，早早就因为积劳成疾而离开了人世。全中国参与"523"任务的无数有名的、无名的英雄比她更值得铭记。

的确，正如屠呦呦反复述说的，青蒿素的发现是集体的功劳，那时，中国的科研工作普遍采取"大集体、大协作"模式，个体的成果和贡献，都由集体共享，协作攻关，凝聚成集体的成就。

从"两弹一星"到青蒿素，从人工合成胰岛素到杂交水稻，许多新中国早期的科研项目，都有无数的专家，为了人民的幸福、祖国的强大，甘愿自我牺牲，不怕艰难困苦，迎着危及生命的风险，将自己当作那可以燎原的星星之火，尽情燃烧着自己的生命和激情。

无数有名或无名的英雄，将科学的成果，如同接力棒一样一棒一棒传给后人，每一个人的脚下，都有无数只坚强有力的臂膀在推举，而每个人也和更多手一起，将别的人推向成功的顶峰。

在对抗疟疾的丰碑上，历史应该铭记的名字还有很多很多——

广州中医学院李国桥为了深入研究恶性疟疾的发热规律，将带有恶性疟原虫的病人血液注入自己体内，试图通过亲身试验，体验病情变化。

李国桥事先给家人留下了"遗书"："这次实验完全是自愿的。万一出现昏迷，暂时不用抗疟药治疗。这是研究计划的需要，请领导和妻子不要责怪实验的执行者。万一真的发生不幸，到时只要在花圈上画一个疟原虫，我就心满意足了。"

感染恶性疟原虫后，李国桥忍受着持续高热的煎熬，以及肝脾肿大的痛苦，尽量拖延服用抗疟药的时间。在他的感召下，9位同事也先后用自己身体做试验。如今，无论世界卫生组织编著的《疟疾学》，还是英国牛津大学的医学教科书，仍记录着当年李国桥他们的亲身实验数据和研究结论。

中国天然药物化学研究的最早开拓者之一傅丰永，在缺少仪器设备的艰苦条件下，最早分离得到抗疟有效成分常山碱甲、乙、丙等，并用经典的化学方法推定了部分化学结构，达到了当时国际同类研究的先进水平。此后，傅丰永还研究了鸦胆子、大八仙花等中草药中的抗疟成分。

"523"任务期间，年近花甲的傅老为了加快中草药研究进度，带着实验动物小白鼠和一些简陋的设备一头扎进了海南岛的一个农场，一边亲自饲养实验动物，一边走家串户进行民间中草药调查。每当老人家收集到一个药方，立刻亲自上山采药，提取有效成分后，进行抗疟效果实验，以节省每一分每一秒宝贵的时间。

1979 年 3 月 22 日，在青蒿素正式问世后不久，傅丰永老人就因积劳成疾，含笑逝世，享年 65 岁。

中国科学院上海有机化学研究所的周维善是中国最早从事昆虫性信息素化学研究的著名有机化学家，正是他为青蒿素分子结构分析和人工合成做出了卓越贡献。

1973 年，周维善受北京中医研究院委托测定青蒿素分子结构，他通过实验发现，青蒿素分子由 15 个碳原子、22 个氢原子和 5 个氧原子组成。但是如何通过对各种光谱数据的解读，将这 42 个结构单元拼凑起来，成了大难题。

周维善当时缺少先进仪器，只能凭借大脑想象来分析、推理青蒿素的完整结构。

他走在路上想，晚上睡觉也在想，有时半夜睡不着，就起来翻书，一直想啊、想啊，连头发都想白了。

最后，周维善设计了一系列复杂的氧化和还原反应，最终测定出青蒿素是个罕见的含有过氧基团的倍半萜内酯结构。

青蒿素分子结构分析成功后，周维善再次投入到人工合成的工作中，他甚至喊出了"青蒿素不人工合成成功，我决不退休"的宣言，从 1979 年到 1984 年，周维善整整奋斗了五年，终于人工合成了青蒿素。而这时，他已经是 61 岁的花甲老人了。

在研究抗疟新药工程"523"项目的征途上，还有更多的英雄，则是无名的。也许他们的研究方向并不是青蒿素，但他们为国救民的牺牲精神却永存天地之间。

有的专家，为了试验中医古方中记载的针灸治疗疟疾法，毅然用自己的身体感染疟疾，忍受着疾病带来的痛苦，亲手举起一枚枚银针，扎在自己的各个穴位上，以验证古人留下的智慧；有的科学家为了采集第一手数据，一头扎进云南、海南等偏远贫困地区，在海岛上，在深山中，和当地居民一起吃糙米饭、清水煮空心菜，力求采集到最准确的疾病数据；有的专家，甚至从村民送来的饭中，一筷子夹出了一只小青蛙，但为了不伤害淳朴的农民兄弟的感情，专家一口吞了下去；20多名解放军战士，为了试验新型气味趋避剂，大晚上卧在河滩草地里，被叮了无数大包，就是为验证药物效果；南京的一个民间调查组，越过千米高山，跑了60多里路，就是为了寻访无意中听到的一个古药方；广州中山大学的一位教授在研究期间，突然收到噩耗——在农村插队的女儿，不幸溺水身亡，但他依然坚守在实验室里，只有年老的妻子流泪为女儿送葬；北京药物所准备携新药到海南展开临床实验时，其中一位女技术骨干的丈夫突然去世，她忍着悲痛红肿着双眼，依然出现在科研工作组里，在海南研究一线采集到了大量宝贵的资料；中国科学院生物物理所在测定青蒿素的结构时——这是人工合成青蒿素的关键，有一位专家因为长期加夜班，疲劳过度，昏倒在实验室，最后不幸去世……

据相关文件解密，全国共有 60 多个科研单位、数千名科研人员参加了"523"项目，经过 13 年（1967 年～1980 年）艰苦奋战，研制出一系列行之有效的疟疾预防、治疗、急救药物，并取得其他科研成果 100 余项，这其中，就包括从中医药宝库中发掘出的新一代抗疟药——青蒿素及其衍生物。

1978 年 11 月 28 日，在扬州召开青蒿素鉴定会时，参会的主要研究单位有 6 家，主要协作单位有 39 家，有名有姓的专家就有 100 多人，中医研究院中药所、中国科学院上海有机化学研究所、山东中药研究所、山东寄生虫防治所、云南药物研究所等机构都毫无保留地向全国同行献出了自己的研究成果。

在新中国科学发展的丰碑上，这些英雄和屠呦呦一样，镌刻下深深的印记。

🔬 呦呦心法

没有人能通过单打独斗获得成功，团体协作的力量是无穷的。

▎第三十六章▎

探索科学的道路，永无止境

2015 年 12 月 6 日，瑞典首都斯德哥尔摩诺贝尔博物馆餐馆，迎来了一位特殊的中国嘉宾，她就是屠呦呦。

只见屠呦呦在餐馆早已经翻过来的一把椅子底部，用白色的签名笔，写下了自己的名字。这一屠呦呦在青少年时期绝对不会做的"淘气"举动，并不是开玩笑，而是诺奖的一项传统，获奖者们都会在餐馆椅子的底部签名。

椅底签名，仅是诺奖的其中一个环节，与一般的奖项不同，屠呦呦赴瑞典领取诺奖，参加了为期一周的一系列讲座和庆祝活动。

12 月 6 日，屠呦呦与其他的诺奖得主参观了诺贝尔博物馆，屠呦呦向博物馆赠送了两件个人礼品：一本《青蒿抗疟研究（1971～1978）》和一个白底青花瓷盘，瓷盘上印有屠呦呦早年在实验室工作的照片和青蒿图像，并附有她的亲笔签名、英文颁奖词、青蒿素化学结构图以及中国中医科学院和中药研究所的徽章。

12月7日，在瑞典卡罗林斯卡学院，屠呦呦用一口宁波灵桥普通话做了题为"青蒿素的发现：传统中医献给世界的礼物"的主题演讲。屠呦呦以一身极具中国风情的蓝色礼服亮相，她在致辞中再一次强调，青蒿素的发现是集体的功劳。

她动情地说："今天，我再次衷心感谢当年从事'523'抗疟研究的中医科学院团队全体成员，铭记他们在青蒿素研究、发现与应用中的积极投入与突出贡献。感谢全国'523'项目单位的通力协作，包括山东省中药研究所、云南省药物研究所、中国科学院生物物理所、中国科学院上海有机化学研究所、广州中医药大学以及军事医学科学院等，我衷心祝贺协作单位同行们所取得的多方面成果，以及对疟疾患者的热诚服务。对于全国523办公室在组织抗疟项目中的不懈努力，在此表示诚挚的敬意。没有大家无私合作的团队精神，我们不可能在短期内将青蒿素贡献给世界。"

屠呦呦还向全世界人民介绍了中国传统文化的宝库——中医，她展示了毛主席评中医的手书批示："中国医药学是一个伟大宝库，应当努力发掘，加以提高。"她说：

"青蒿素正是从这一宝库中发掘出来的。通过抗疟药青蒿素的研究经历，深感中西医药各有所长，二者有机结合，优势互补，当具有更大的开发潜力和良好的发展前景。大自然给我们提供了大量的植物资源，医药学研究者可以从中开发新药。中医药从神农尝百草开始，在几千年的发展中积累了大量临床经验，对于自然资源的药用价值已经有所整理归纳。通过继承发扬，发掘提高，一定会有所发现，有所创新，从而造福人类。"

最后，屠呦呦与现场及电视直播屏幕前的全世界亿万观众一起，分享了一首中国唐代著名诗人王之涣的《登鹳雀楼》："白日依山尽，黄河入海流。欲穷千里目，更上一层楼。"希望全世界的科学家有机会时更上一层楼，去领略中国文化的魅力，发现蕴涵于传统中医药中的宝藏。

诺贝尔奖颁奖典礼主办方给予了屠呦呦最高的礼仪，因为屠呦呦身体不好，只能坐着演讲，主题演讲会的主持人、卡罗林斯卡学院传染病学教授 Jan Andersson 先生在屠呦呦演讲过程中，一直跪在地上，一只手从后面扶着她，另一只手帮她拿着话筒，整整坚持了 30 分钟。

10 日下午 4 时半，诺贝尔奖颁奖典礼在斯德哥尔摩音乐厅举行，屠呦呦从瑞典国王卡尔十六世·古斯塔夫手里接过了诺贝尔奖证书和奖章。诺贝尔生理学或医学奖评委汉斯·弗斯伯格在致颁奖词时高度评价了屠呦呦的科学贡献，认为她的发现在全球的影响以及对人类的贡献是不可估量的。这些发现不仅为遭受寄生虫疾病百般困扰的病人提供了具有革命意义的新疗法，同时促进了整个社会的繁荣以及人类的安康。

屠呦呦因为身体的原因，没能出席完诺奖的全部活动，但是，她依然在瑞典乃至全世界刮起了一股"呦呦风"：有人特意从 500 公里外坐火车赶来，就是为了一睹她的风采；当地的华人华侨自发举办了一场庆祝大会，邀请了屠呦呦家乡——宁波的艺术家，在诺奖颁奖大厅外演奏起了具有宁波文化韵味的乐曲，全世界的媒体都将目光聚焦在屠呦呦身上。

然而，诺贝尔奖对屠呦呦而言，并不是科学研究的终点，已经 85 岁高龄的她依然心怀青蒿素，心怀中医，心怀着控制疟疾的理想。

她尤其担忧疟原虫的抗药性，她沉痛地表示：全球 97 个国家与地区的 33 亿人口仍在遭遇疟疾的威胁，其中 12 亿人生活在高危区域，这些区域的患病率有可能高于 1/1000。统计数据表明，2013 年全球疟疾患者约为 1.98 亿，疟疾导致的死亡人数约为 58 万，其中 78% 是 5 岁以下的儿童。90% 的疟疾死亡病例发生在重灾区非洲。70% 的非洲疟疾患者应用青蒿素复方药物治疗（Artemisinin-based Combination Therapies, ACTs）。但是，得不到 ACTs 治疗的疟疾患儿仍达 5600 万到 6900 万之多。

疟原虫对于青蒿素和其他抗疟药的抗药性：在大湄公

河地区，包括柬埔寨、老挝、缅甸、泰国和越南，恶性疟原虫已经出现对于青蒿素的抗药性。在柬埔寨与泰国边境的许多地区，恶性疟原虫已经对绝大多数抗疟药产生抗药性。

屠呦呦大声疾呼，号召全世界更多的科学家关注疟疾、关注中医中药，关注普罗大众的健康和生命安全。

令人欣慰的是，屠呦呦和她的青蒿素精神后继有人，就在她的家乡宁波，一支小小的团队，就自主研发出了青蒿素经济、无污染的提炼方式，相关论文刊登在世界上历史悠久、最有名望的期刊之一——《自然—化学》上。

宁波诺丁汉大学的科研团队发现，青蒿素在其化学提取合成过程中的环境和经济成本较高，因为需要在低温条件下提炼，不但会消耗大量的能源，更会产生不少有害废物。科研团队创造性地发明了利用绿色化学提取并合成青蒿素的新工艺，避免了以前提炼青蒿素时产生的环境污染问题。

更神奇的是，这种新工艺居然可以让青蒿素在常温下提取！

青蒿素的提取摆脱了传统提炼时的制冷需求，大大降低了能源消耗，不仅可以让全球的疟疾患者受益，还将使整个地球环境得到保护。

屠呦呦发现的青蒿素，正在被她的家乡宁波以及全世界更多的科学家进一步研究开发，致力于研发出更优秀的抗疟疾药物。

屠呦呦，后继有人！青蒿素研究，正在继往开来！

荣获诺贝尔奖，对屠呦呦而言，并不是结束，相反，在她看来，攀登科学高峰，是没有终点的。她所得的成就，只不过是一个个驿站，在驿站休息一下，歇歇脚，整理一下思绪，回顾一下得失，然后再次出发。

从斯德哥尔摩返回京城后，屠呦呦因为旅途劳顿，生了两场重病，然而，躺在病床上的她却依然念念不忘青蒿素。

在屠呦呦眼里，前往斯德哥尔摩领奖，受到全球媒体的注目，都只不过是过眼烟云，她更为重视的是在斯德哥尔摩与全球众多顶尖科学家们的聚会，与他们之间的思想交流，碰撞出的智慧火花。

屠呦呦在病体初愈后，就推掉了外界的一切邀请和社会活动，甚至没有出席美国科学界颁发的一个杰出人物奖项和中央电视台的"感动中国"人物的颁奖典礼，婉拒了2016博鳌论坛的主题演讲。她再次成为当年那个坐在实验室里的"摇瓶子姑娘"，潜心研究起青蒿素的新功能来。

在屠呦呦的眼中，金钱的意义在于帮助社会做有实际意义的事。她已经把获得的诺贝尔奖奖金的大部分捐献出去，其中100万元（人民币）捐给母校北大，100万元捐给中国中医科学院，余下近100万元也全部用于中医药的科研和学术活动。

国家高度重视屠呦呦的最新研究，为此中央有关领导上门探访了屠呦呦，亲切地叮嘱她在勇攀科学新高峰时，一定要保重身体。中央有关部门也拨下了专项经费，全力支持屠呦呦的研究。

屠呦呦告诉笔者一个好消息：青蒿素在治疗红斑狼疮和提高人体免疫力等方面，已经有了突破性的进展！其中，屠呦呦负责的"双氢青蒿素治疗红斑狼疮"研究通过国家食品药品监督管理总局审批，获得药物临床试验批件。双氢青蒿素在治疗疟疾的同时，将为人类的生命健康作出新的贡献。

86 岁高龄的屠呦呦，用自己的所做所为诠释了何为生命不息，奋斗不止，一万年太久，只争朝夕！

青蒿，一种山野湖泊间最不起眼的野草，为什么会含有可以救数亿人的青蒿素？

无数专家研究发现，因为青蒿生存环境恶劣，不仅时时受到虫咬兽嚼，更有旱、涝、盐、寒等极端条件的考验，于是青蒿在体内产生了大量的青蒿素，来抵御外界的伤害，环境条件越严酷的地区，生长在"半是骄阳半是雨，风刀雪剑严相逼"中的青蒿，青蒿素含量也就越高。

屠呦呦，就如同一株这样的野草，她生长于战火之中，曾经深受疾病之苦，但她从来不知道什么是放弃，而是以坚忍不拔的意志，努力成长着，学习着。

她把自己的根深深扎在中国数千年的中医中药文化之中，同时潜心汲取来自西方的先进科学技术，开出了一朵中西医结合的灿烂的科学之花。

当她学有所成后，一生致力于报效国家，不辞辛苦，不计回报，埋头苦干。

青蒿素研究最困难时，屠呦呦只有自己一人从事研究工作，在最艰苦、最孤独的那段时间里，通宵点着灯的实验室里，映着她消瘦的身影。

但她，从不言弃！

正是这种一往无前、筚路蓝缕的精神，让更多人看到了希望，激励他们，鼓舞他们，走进实验室，走进工作组，走到屠呦呦身边，一起投入到青蒿素研究之中。

梅花香自苦寒来，青蒿素从磨砺出。这，就是青蒿素精神！这，就是屠呦呦精神！

屠呦呦和她的青蒿素精神，必将鼓舞更多的科学家，在造福全人类的科学高峰上努力攀登！

🔬 呦呦心法

把我们老祖宗的精华与现代科学结合，就能产生惊人的效力。

青蒿素的发现：传统中医给世界的礼物

屠呦呦

尊敬的主席先生，尊敬的获奖者，女士们，先生们：

今天我极为荣幸能在卡罗林斯卡学院讲演，我报告的题目是：青蒿素——中医药给世界的一份礼物。

在报告之前，我首先要感谢诺贝尔奖评委会，诺贝尔奖基金会授予我 2015 年生理学或医学奖。这不仅是授予我个人的荣誉，也是对全体中国科学家团队的嘉奖和鼓励。在短短的几天里，我深深地感受到了瑞典人民的热情，在此我一并表示感谢。

谢谢 William C. Campbell（威廉姆·坎贝尔）和 Satoshi ōmura（大村智）二位刚刚所做的精彩报告。我现在要说的是四十年前，在艰苦的环境下，中国科学家努力奋斗从中医药中寻找抗疟新药的故事。

关于青蒿素的发现过程，大家可能已经在很多报道中看到过。在此，我只做一个概要的介绍。

中药研究所团队于 1969 年开始抗疟中药研究。经过大量的反复筛选工作后，1971 年起工作重点集中于中药青蒿。又经过很多次失败后，1971 年 9 月，重新设计了提

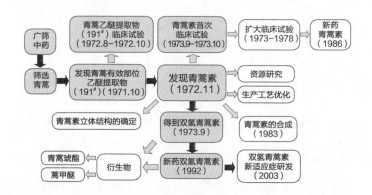

取方法，改用低温提取，用乙醚回流或冷浸，而后用碱溶液除掉酸性部位的方法制备样品。1971 年 10 月 4 日，青蒿乙醚中性提取物，即标号 191# 的样品，以 1.0 克 / 公斤体重的剂量，连续 3 天，口服给药，鼠疟药效评价显示抑制率达到 100%。同年 12 月到次年 1 月的猴疟实验，也得到了抑制率 100% 的结果。青蒿乙醚中性提取物抗疟药效的突破，是发现青蒿素的关键。

1972 年 8 至 10 月，我们开展了青蒿乙醚中性提取物的临床研究，30 例恶性疟和间日疟病人全部显效。同年 11 月，从该部位中成功分离得到抗疟有效单体化合物的结

晶，后命名为"青蒿素"。

　　1972 年 12 月开始对青蒿素的化学结构进行探索，通过元素分析、光谱测定、质谱及旋光分析等技术手段，确定化合物分子式为 $C_{15}H_{22}O_5$，分子量282。明确了青蒿素为不含氮的倍半萜类化合物。

　　1973 年 4 月 27 日，经中国医学科学院药物研究所分析化学室进一步复核了分子式等有关数据。1974 年起，与中国科学院上海有机化学研究所和生物物理所相继开展了

青蒿素及其衍生物分子结构

青蒿素

双氢青蒿素

蒿甲醚　　　蒿乙醚　　　青蒿琥酯

青蒿素结构协作研究的工作。最终经 X 光衍射确定了青蒿素的结构。确认青蒿素是含有过氧基的新型倍半萜内酯。立体结构于 1977 年在中国的科学通报发表，并被化学文摘收录。

1973 年起，为研究青蒿素结构中的功能基团而制备衍生物。经硼氢化钠还原反应，证实青蒿素结构中羰基的存在，发明了双氢青蒿素。经构效关系研究，明确青蒿素结构中的过氧基团是抗疟活性基团，部分双氢青蒿素羟基衍生物的鼠疟效价也有所提高。

这里展示了青蒿素及其衍生物双氢青蒿素、蒿甲醚、青蒿琥酯、蒿乙醚的分子结构。直到现在，除此类型之外，其他结构类型的青蒿素衍生物还没有用于临床的报道。

1986 年，青蒿素获得了卫生部新药证书。于 1992 年再获得双氢青蒿素新药证书。该药临床药效高于青蒿素 10 倍，进一步体现了青蒿素类药物"高效、速效、低毒"的特点。

1981 年，世界卫生组织、世界银行、联合国计划开发署在北京联合召开疟疾化疗科学工作组第四次会议，有关青蒿素及其临床应用的一系列报告在会上引发热烈反响。我的报告是"青蒿素的化学研究"。20 世纪 80 年代，数千例中国的疟疾患者得到青蒿素及其衍生物的有效治疗。

听完这段介绍，大家可能会觉得这不过是一段普通的药物发现过程。但是，当年从在中国已有两千多年沿用历史的中药青蒿中发掘出青蒿素的历程却相当艰辛。

目标明确、坚持信念是成功的前提。1969 年，中医科学院中药研究所参加全国"523"抗击疟疾研究项目。经院领导研究决定，我被指令负责并组建"523"项目课题组，承担抗疟中药的研发。这一项目在当时属于保密的重点军工项目。对于一个年轻科研人员，有机会接受如此重任，我体会到了国家对我的信任，深感责任重大，任务艰巨。我决心不辱使命，努力拼搏，尽全力完成任务！

学科交叉为研究发现成功提供了准备。这是我刚到中药研究所的照片，左侧是著名生药学家楼之岑，他指导我鉴别药材。从 1959 年到 1962 年，我参加西医学习中医班，系统学习了中医药知识。化学家路易·帕斯特说过"机会垂青有准备的人"。古语说：凡是过去，皆为序曲。然而，序曲就是一种准备。当抗疟项目给我机遇的时候，西学中

的序曲为我从事青蒿素研究提供了良好的准备。

信息收集、准确解析是研究发现成功的基础。接受任务后，我收集整理历代中医药典籍，走访名老中医并收集他们用于防治疟疾的方剂和中药，同时调阅大量民间方药。在汇集了包括植物、动物、矿物等 2000 余内服、外用方药的基础上，编写了以 640 种中药为主的《疟疾单验方集》。正是这些信息的收集和解析铸就了青蒿素发现的基础，也是中药新药研究有别于一般植物药研发的地方。

关键的文献启示。当年我面临研究困境时，又重新温习中医古籍，进一步思考东晋（公元 3 ～ 4 世纪）葛洪《肘后备急方》有关"青蒿一握，以水二升渍，绞取汁，尽服之"的治疟记载。这使我联想到提取过程可能需要避免高温，由此改用低沸点溶剂的提取方法。

关于青蒿入药，最早见于马王堆三号汉墓的帛书《五十二病方》，其后的《神农本草经》《补遗雷公炮制便览》《本草纲目》等典籍都有青蒿治病的记载。然而，古籍虽多，却都没有明确青蒿的植物分类品种。当年青蒿资源品种混乱，药典收载了 2 个品种，还有 4 个其他的混淆品种也在使用。后续深入研究发现：仅 Artemisia annua L. 一种含有青蒿素，抗疟有效。这样客观上就增加了发现青蒿素的难度。再加上青蒿素在原植物中含量并不高，还有药用部位、产地、采收季节、纯化工艺的影响，青蒿乙醚中性提取物的成功确实来之不易。中国传统中医药是一个丰富的宝藏，值得我们多加思考，发掘提高。

在困境面前需要坚持不懈。上世纪 70 年代中国的科研条件比较差，为供应足够的青蒿有效部位用于临床，我们曾用水缸作为提取容器。由于缺乏通风设备，又接触大量有机溶剂，导致一些科研人员的身体健康受到了影响。为了尽快上临床，在动物安全性评价的基础上，我和科研团队成员自身服用有效部位提取物，以确保临床病人的安全。当青蒿素片剂临床试用效果不理想时，经过努力坚持，深入探究原因，最终查明是崩解度的问题。改用青蒿素单体胶囊，从而及时证实了青蒿素的抗疟疗效。

团队精神、无私合作加速科学发现转化成有效药物。1972 年 3 月 8 日，全国 523 办公室在南京召开抗疟药物专业会议，我代表中药所在会上报告了青蒿 No.191 提取物对鼠疟、猴疟的结果，受到会议极大关注。同年 11 月 17 日，在北京召开的全国会议上，我报告了 30 例临床全部显效的结果。从此，拉开了青蒿抗疟研究全国大协作的序幕。

今天，我再次衷心感谢当年从事"523"抗疟研究的中医科学院团队全体成员，铭记他们在青蒿素研究、发现与应用中的积极投入与突出贡献。感谢全国"523"项目单位的通力协作，包括山东省中药研究所、云南省药物研究所、中国科学院生物物理所、中国科学院上海有机所、广州中医药大学以及军事医学科学院等，我衷心祝贺协作单位同行们所取得的多方面成果，以及对疟疾患者的热诚服务。对于全国523办公室在组织抗疟项目中的不懈努力，在此表示诚挚的敬意。没有大家无私合作的团队精神，我们不可能在短期内将青蒿素贡献给世界。

疟疾对于世界公共卫生依然是个严重挑战。WHO总干事陈冯富珍在谈到控制疟疾时有过这样的评价，在减少疟疾病例与死亡方面，全球范围内正在取得的成绩给我们留下了深刻印象。虽然如此，据统计，全球97个国家与地区的33亿人口仍在遭遇疟疾的威胁，其中12亿人生活在高危区域，这些区域的患病率有可能高于1/1000。统计数据表明，2013年全球疟疾患者约为1.98亿，疟疾导致的死亡人数约为58万，其中78%是5岁以下的儿童。90%的疟疾死亡病例发生在重灾区非洲。70%的非洲疟疾患者应用青蒿素复方药物治疗（Artemisinin-based Combination Therapies, ACTs）。但是，得不到ACTs治疗的疟疾患儿仍达5600万到6900万之多。

疟原虫对于青蒿素和其他抗疟药的抗药性。在大湄公河地区，包括柬埔寨、老挝、缅甸、泰国和越南，恶性疟原虫已经出现对于青蒿素的抗药性。在柬埔寨与泰国边境的许多地区，恶性疟原虫已经对绝大多数抗疟药产生抗药性。不仅在大湄公河流域有抗药性，在非洲少数地区也出现了抗药性。这些情况都是严重的警示。

世界卫生组织2011年遏制青蒿素抗药性的全球计划。

这项计划出台的目的是保护ACTs对于恶性疟疾的有效性。鉴于青蒿素的抗药性已在大湄公河流域得到证实，扩散的潜在威胁也正在考察之中。参与该计划的100多位专家们认为，在青蒿素抗药性传播到高感染地区之前，遏制或消除抗药性的机会其实十分有限。遏制青蒿素抗药性的任务迫在眉睫。为保护ACTs对于恶性疟疾的有效性，我诚挚希望全球抗疟工作者认真执行WHO遏制青蒿素抗药性的全球计划。

在结束之前，我想再谈一点中医药。"中国医药学是一个伟大宝库，应当努力发掘，加以提高。"青蒿素正是从这一宝库中发掘出来的。通过抗疟药青蒿素的研究经历，深感中西医药各有所长，二者有机结合，优势互补，当具有更大的开发潜力和良好的发展前景。大自然给我们提供了大量的植物资源，医药学研究者可以从中开发新药。中医药从神农尝百草开始，在几千年的发展中积累了大量临床经验，对于自然资源的药用价值已经有所整理归纳。通过继承发扬，发掘提高，一定会有所发现，有所创新，从而造福人类。

最后，我想与各位分享一首我国唐代有名的诗篇，王之涣所写的《登鹳雀楼》："白日依山尽，黄河入海流。欲穷千里目，更上一层楼。"请各位有机会时更上一层楼，去领略中国文化的魅力，发现蕴涵于传统中医药中的宝藏！

衷心感谢在青蒿素发现、研究和应用中作出贡献的所有国内外同事们、同行们和朋友们！

深深感谢家人一直以来的理解和支持！

衷心感谢各位前来参会！

谢谢大家！

（摘自 2015 年 12 月 6 日诺贝尔奖颁奖期间屠呦呦在卡罗林斯卡医学院的演讲）

▎作者手记▎

我们的幸福，来自他们的奉献

王 路

　　屠呦呦老师获 2015 年诺贝尔生理学或医学奖的消息传到她的家乡宁波时，笔者有说不出的激动。

　　因为，正是一代又一代像屠呦呦老师那样的先行者的奉献，才有了我们和孩子们如今美好的生活。

　　笔者儿时故居就在宁波开明街老实巷，与屠呦呦老师的旧居宁波开明街 508 号，以及她在抗日战争时期寄居的外婆家开明街 28 号，同在一条街上。

　　只不过，笔者和屠呦呦老师相隔两代人，在我的眼中，只看到开明街的繁华，那里有人流如织的民光电影院，有热闹非凡的天然大舞台，有卖再好吃不过的正宗宁波汤团的缸鸭狗店，还有专卖龙凤金团和宁波名菜冰糖甲鱼的梅龙镇大酒店……

但在屠呦呦老师的幼年和少年时期，无论是开明街、宁波、浙江乃至中国，无数百姓陷于战火之中，贫困、饥饿、疾病等重重灾难，降临在苦难的中国人民身上。

屠呦呦老师就是在那时，立下了报效祖国、治病救人的理想。

在全中国，还有很多人，和屠呦呦老师一样，在为祖国而奋斗。

这其中，就有我的外公。

我的外公是与屠呦呦老师同时代的人，他俩是同居开明街的"贴隔壁邻舍"。与屠呦呦老师用科技报国不同，他拿起了钢枪，用自己的热血保卫国家。

我的外公早在抗日战争时期，就参加了浙东地区著名的共产党领导的游击队——三五支队，他当时年龄还小，扛不动三八大盖，主要担负通讯送信的工作。

在严酷的战斗中，他的很多战友牺牲了。

但我的外公坚持战斗，直到把侵略者赶出家乡，迎来了全国解放。此后，他还参加了抗美援朝，保家卫国。

在我儿时的记忆中，外公伤病满身，无论是少年时游击队的生涯，还是白山黑水间的战斗，都在他身上留下了不可磨灭的痕迹，但他从来不和我们讲战争带给他的伤痛，也不讲那些如同军功章一样布满身体的伤痕。

屠呦呦老师也同样伤病满身，当我的外公在战场上与凶恶的敌人面对面战斗时，屠呦呦老师则在另一个战场，与同样凶残的病魔进行着没有硝烟却同样激烈的斗争。

疟疾杀死的无辜者，甚至比战争还要多。

屠呦呦老师不仅拯救了中国的疟疾患者，还拯救了全世界所有困于疟疾的数以亿万计的患者。

她功在当代，名垂青史。

所以，读者们可以想到，当笔者听闻屠呦呦老师以青蒿素的发现获诺贝尔奖时，是何等欣喜，是何等感怀——正是屠呦呦老师和我的外公那样的一代又一代立志为祖国奉献的有名和无名的先行者，才建设出一个强盛的中国，才让伟大的祖国重新走上了复兴的道路，才让我们和孩子们有了如今幸福的生活。

我们不能忘怀他们，我们必须永远铭记他们！

受红旗出版社邀请，能主笔屠呦呦老师的故事，是笔者的荣幸，也是身为屠呦呦老师家乡的一个作家的责任和使命。

2015 年 10 月 6 日，在诺贝尔奖评审委员会宣布屠呦呦获得诺贝尔奖的第二天，红旗出版社迅速组建了包括我在内的本书的创作团队，并在第一时间赶赴北京屠呦呦老师的家中，对屠老师和她爱人李廷钊先生进行了多次专访。屠呦呦老师面容和善，双眼闪着睿智之光，说一口带宁波味的普通话。她跟我们分享了青蒿素研究的很多故事和细节，如用大水缸当实验器具提取青蒿素、以身试药、携 191 号赴海南进行临床实验等种种往事。李廷钊先生讲述了屠呦呦老师日常生活中的一些故事，当说到她因为长期待在实验室里接触有害气体而患了肝病时，老先生满眼心疼。

屠呦呦老师关于青蒿素的科学研究是本书中最浓墨重彩的一段，为了获得独家资料，我们团队专程赶到北京的中国中医科学院，采访了屠呦呦老师的老同事、老领导，现场走访了屠老师曾经工作过的场所，获得了大量的一手资料。

更为幸运的是，我身为屠老师的老乡，有独到的采访优势。屠老师的童年、青少年时代都是在宁波度过的，在宁波有她的亲人、老师、同学、邻居。屠老师先后在宁波崇德女校、效实中学、宁波中学就学，她在宁波的居所有两处，都在开明街上。我一一走访了这些地方，采访了大量的相关人士。

在创作过程中，笔者得到了宁波市教育局、效实中学、宁波中学、宁波教育博物馆、宁波市档案局、浙江日报报业集团、宁波日报报业集团、中国中医科学院等单位（排名不分先后）的大力支持，获得了可贵的第一手资料。同时，也参考了屠呦呦老师亲笔所著的《青蒿及青蒿素类药物》等专业资料，得到了宝贵的借鉴。

这个采访的过程，是追寻一个英雄的脚步的过程，也是发现一个有血有肉、坚毅执着的女科学家的过程。所以，当我正式动笔开始创作时，可以说是下笔如有神，创作激情喷薄而出。但是为"中国居里夫人"立传，让本书成为优秀的励志图书，文稿的准确性、科学性要经得起考验。为此，红旗出版社专门邀请著名中医、著名高校的教授、中国中医科学院的专家们以及有关当事人审稿把关。这本书前后一共经历了 7 次修改，有时因为修改了一个名词、一段话，为保证文气贯通，我把整个章节推倒重写。

笔者笔力有限，文稿或有不足之处，请读者们不吝赐教。只希望我们的孩子在阅读此书后，以屠呦呦老师等老一辈科学家为楷模，学习他们的无私奉献、勇于探索和牺牲自我的伟大精神，满怀着中国梦，在复兴国家的大道上前行！

谨以此书，向屠呦呦老师致敬！

主要参考资料

1. 屠呦呦编著：《青蒿及青蒿素类药物》，化学工业出版社2009年版

2. 徐季子等著：《宁波史话》，浙江人民出版社1986年版

3. 《屠呦呦传》编写组：《中国首获诺贝尔奖的女科学家——屠呦呦传》，人民出版社2015年版

4. 张剑方主编：《迟到的报告：五二三项目与青蒿素研发纪实》，羊城晚报出版社2015年版

鸣谢

感谢宁波市教育局、宁波中学、宁波效实中学、宁波教育博物馆、宁波市档案局、宁波日报报业集团、中国中医科学院等单位（排名不分先后）的鼎力支持。

图书在版编目(CIP)数据

屠呦呦：理想治愈世界 / 王路著.
—— 北京：红旗出版社,2016.5
ISBN 978-7-5051-3594-9

Ⅰ.①屠… Ⅱ.①王… Ⅲ.①屠呦呦—生平事迹
Ⅳ.①K826.2

中国版本图书馆CIP数据核字(2015)第255626号

- -

书　　名	**屠呦呦：理想治愈世界**			
著　　者	**王　路**			
出 品 人	高海浩	特约审稿	陈晓嘉　戴　影	
总 监 制	李仁国	责任校对	刘宁宁	
总 策 划	徐　澜	装帧设计	门乃婷	
责任编辑	陈　桔　　周婷婷	封面漫画	曹　一	
特约编辑	张　苗　　王君平	图片提供	新华社　CFP等	

出版发行　红旗出版社
地　　址　（南方中心）杭州市体育场路178号
邮　　编　310039　　　　　编辑部　0571-85310509
E-mail　672329804@qq.com　发 行 部　（北京）010-64037151
　　　　　　　　　　　　　　　　　　　（杭州）0571-85311330
欢迎项目合作　项目电话　（杭州）0571-85310271
图文排版　杭州美虹电脑设计有限公司
印　　刷　香河利华文化发展有限公司

开　　本　710毫米×1000毫米　　1/16
字　　数　155 千字　　　　　　印　张　15.25　　彩　插　8
版　　次　2016 年5月北京第1 版　　2017年11月杭州第4次印刷

书　　号　ISBN 978-7-5051-3594-9　定　价　41.00 元

版权所有·翻印必究·印装有误·负责调换